新世纪高等学校教材·经济管理实验教材

管理信息系统实验教程

（第3版） 融媒体版

李 静 朱艳春 | 编著

扫码获取配套教学资源

北京师范大学出版集团
BEIJING NORMAL UNIVERSITY PUBLISHING GROUP
北京师范大学出版社

图书在版编目(CIP)数据

管理信息系统实验教程/李静，朱艳春编著. —3 版. —北京：北京师范大学出版社，2022. 3

新世纪高等学校教材·经济管理实验教程

ISBN 978-7-303-27332-4

Ⅰ. ①管… Ⅱ. ①李… ②朱… Ⅲ. ①管理信息系统－实验－高等学校－教材 Ⅳ. ①C931. 6-33

中国版本图书馆 CIP 数据核字(2021)第 220981 号

营 销 中 心 电 话　010-58802181　58805532
北师大出版社科技与经管分社　www. jswsbook. com
电　子　信　箱　jswsbook@163. com

出版发行：北京师范大学出版社　www. bnupg. com
北京市西城区新街口外大街 12-3 号
邮政编码：100088

印　　刷：天津中印联印务有限公司
经　　销：全国新华书店
开　　本：730 mm×980 mm　1/16
印　　张：9. 75
字　　数：175 千字
版　　次：2022 年 3 月第 3 版
印　　次：2022 年 3 月第 1 次印刷
定　　价：29. 80 元

策划编辑：陈仕云　　责任编辑：陈仕云
美术编辑：李向昕　　装帧设计：李向昕
责任校对：陈　民　　责任印制：赵　龙

第3版前言

本教材自2011年第1版出版至今，已经超过十个年头，非常感谢各高校的教师和学生对这本教材的支持与厚爱，这也是我能够坚持不断更新的主要动力之一。另外，信息技术领域发展迅速，尤其是人工智能在最近五年间在很多应用领域得到了广泛深入的应用。在《管理信息系统实验教程》第3版中，我们把这些发展和应用加入进来，希望可以启发学生对智能时代的理解和实践。

在本教材第1版和第2版中，我们一再强调，信息技术和信息系统是现代企业的基础设施，是企业获取和保持竞争优势必须要精心谋划和大胆创新的战略要素。因此，企业的各类管理者、高等院校经济管理类相关专业的学生需要了解国内外企业的最新实践，洞悉信息技术和信息系统的应用模式与发展趋势。因此，第3版依然延续之前的风格，在内容选择上侧重于业务和创新应用，而不是技术原理和系统开发。每一章，我们把相关主题的主要知识点进行简要梳理，然后侧重介绍实验内容。经济管理类的实验内容不同于自然科学领域，应该以多种可能的实验形式让学生接触、感悟和分析实际商业问题与管理决策问题，因此，第3版的实验形式除了之前的案例分析、阅读思考、基础技能实验、体验性实验、设计性实验和综合性实验外，还增加了业界动态。

本书是笔者多年来从事管理信息系统教学研究的经验汇总，可以作为管理信息系统课程的教材，尤其适用于以“实践、分析”为导向的管理信息系统课程的需要。

内容结构

近年来，数据管理和智能分析在管理信息系统领域中发挥着越来越重要的作用，因此我们对第3版篇章结构在第2版的基础上进行了一些调整，具体如下。

第1章探讨了目前信息化社会、信息化企业和信息系统的概念与基本形式。

第2～4章介绍了企业信息技术基础设施，而“基础设施”正是这个时代我们理解信息技术在企业中所承担角色的准确定位。因此，对于在企业中越来越成为基础必备知识的数据存储(第2版第4章)和数据分析(第2版第5章)内容，在第3版中分别调整为第3章和第4章，并进行了修订，希望在教学过程中，不再把它们当作一种具有业务增值属性的技术系统，而是未来企业的一般基础技术条件。

第5～6章可以帮助读者深入理解企业各种应用系统，包括ERP、供应链管理系统、客户关系管理系统、知识管理系统等。同时，考虑到电子商务作为目前已经很普遍的一种信息系统形式，因而将第2版的第2章调整为第3版的第6章。这也体现了基于互联网的商业模式经过20多年的发展，已经成为主流。

第7章可以帮助读者了解信息系统的开发和管理，学会综合运用整体知识设计企业IT应用创新方案。

本书特色

(1)突出业务和管理视角

与大多数同类教材强调信息系统的开发不同，本书侧重从业务和管理的视角来理解信息系统。本书内容基本覆盖了信息系统所涉及的基础技术和开发知识，但更注重培养学生从商业视角去理解信息技术和信息系统，启发学生基于信息技术和信息系统进行管理应用和商务创新。

(2)以实践技能为导向，以知识点为辅

本书以实践技能为导向，以知识点作为辅助支撑，侧重培养与管理信息系统领域相关的技术操作、分析、设计、应用和创新等能力。技术操作主要针对一些软硬件的认知和使用，分析、设计、应用和创新能力的培养主要通过企业案例和设计性、综合性实验主题对学生进行启发和引导。

(3)实验方式多样化

本书设置了案例分析、基础技能实验、体验性实验、设计性实验、综合性实验、业界动态以及阅读思考等几种方式，以培养学生的不同能力。案例分析旨在培养深化学生对IT商务应用的理解，通过对案例的分析启发更多的IT创新意识。基础技能实验主要培养学生使用基础工具的能力。体验性实验、设计性实验和综合性实验的目的在于让学生从基本操作、到分析设计、再到综合应用的能力逐步得到提升。业界动态关注IT业界的发展趋势、产品特征、市场格局等，帮助学生了解各个细分IT领域目前的业界行情。阅读思考旨在为学生打开一扇了解世界名家言论和前沿发展的窗户，从而增强对信息化趋势的认同感。

(4)实验主题的典型性、实用性和时效性

第3版新增了一些案例，并对原有部分案例进行了更新，更加注重典型性、实用性和时效性。由于信息技术近些年来突飞猛进，信息技术和信息系统的应用和创新也日新月异，很多方面都处于不断发展和探索阶段，因此学习态度有必要客观、辩证、与时俱进。

(5)配套资源丰富

为方便教学，本书配有实验数据文件、阅读材料、操作视频等配套教学资源，读者可用微信扫描本书扉页中的二维码免费获取。

由于时间紧迫和水平有限，错误和不当之处在所难免。真诚欢迎读者朋友们反馈批评意见(电子邮件：lij@bnu.edu.cn)。

李 静

记于北京师范大学

目　录

第1章　认识信息社会、信息化组织和信息系统

进入21世纪，我们来到了一个信息社会。信息技术与其他各种新兴技术交叉融合，引发了这个社会更广泛深刻的创新和变革。信息社会中信息化组织是大势所趋。它不仅把信息作为一种关键资源管理起来，更要把信息和信息技术与组织的战略、结构、运营、文化完美结合在一起。信息系统正是组织对信息进行收集、存储、处理、分发和维护来支持企业决策和管理的人机系统。在信息革命的洪流中，信息社会、信息化组织和信息系统的概念、模式和影响都在不断创新和发展。本章概要性地梳理了信息社会、信息化组织和信息系统有关的知识点，并主要通过描述一些别开生面的现象、案例和业界动态来辅助理解这些知识。

1.1　知识要点

1.1.1　信息社会和信息技术

我们正处在一个信息量极大丰富、信息流动更加自由畅通的信息社会(Information Society)。不可否认，信息一直贯穿着人类社会的发展，但在农业社会和工业社会中，人类活动依赖的主要资源是物质和能源，尤其到了工业社会，人们所从事的是大规模的物质生产。在当今的信息社会中，我们依然不能否认物质与能源的重要性和地位，但信息已经成为社会发展的支柱性资源，信息成为生产要素逐渐得到认可。以开发和利用信息资源为目的的经济活动迅速发展，成为国民经济活动的主要内容。新经济时代，全球上市公司的市值排名发生了很大变化，科技板块取代金融板块成为第一板块，富含信息的公司凸显出更大的价值优势。

信息技术(Information Technology)的出现和不断创新是社会信息化的主要动力之一。来自维基百科的解释，信息技术是对20世纪40年代之后用于管理和处理信息所采用的各种技术的总称，主要是基于计算机科学和通信技术来设计、开发、安装和实施信息系统和应用软件等，也常被称为信息和通信技

术(Information and Communications Technology，ICT)。但随着信息技术的发展，新技术不断涌现，这个概念有一定的局限性。传感器和自动识别技术的出现和深入应用，为信息采集的自动化提供了强大支持，成为信息技术近些年发展的一个重要领域。

本书认为，现代信息技术是支持信息的采集、传输和处理三大基本功能所采用技术的总称，信息的采集、传输和处理这三项信息工作对应着三大类信息技术，即自动识别技术与感测技术、网络通信技术以及计算机技术。自动识别技术与感测技术可以自动收集被识别物品的相关信息，然后通过网络通信技术传递到处理系统，通过计算机技术进行进一步的处理。处理后的信息也要通过网络通信技术向相关系统或者使用者反馈、发布，从而进一步调整决策。信息技术自“二战”后诞生以来，得到了飞速发展，尤其最近三十多年的发展应用，以及与生物技术、新能源技术、新材料技术等交叉融合创新，新兴信息技术如雨后春笋不断涌现。对于信息技术的概念，我们应该以发展的眼光来看待。

智能制造是很多国家向信息社会发展过程中进行数字化转型的重要战略。德国在2013年提出了“工业4.0战略”，旨在提高制造业的智能化水平，本章1.3节案例“西门子的数字化工厂”正是“工业4.0战略”中的一个缩影。

1.1.2 信息化组织

组织是人们为了实现一定的目标，相互协作结合而成的集体或者团体。组织一般具有明确的目标、精心设计的结构、协调的活动流程，以及同外部环境密切的联系。所谓信息化组织，并非简单地在这些方面实现信息化的支持，而应该是在组织目标的导引下，把信息系统完美融入组织结构、业务流程以及和外界的联系之中，最终实现其组织价值。因此，我们可以把企业最初进行信息化的过程称为初级阶段，而信息化的组织则比组织的信息化更深刻，更强调组织价值的实现。

本章1.4节案例“信息化的海尔”讲述了海尔面向“人单合一”模式的企业转型，以及与转型相匹配的信息建设情况。海尔的“人单合一”模式起源于海尔的第四个战略阶段——全球化战略阶段。这一阶段，海尔抓住了互联网时代的机遇，观念上从原来的大规模制造转变为现在的满足用户个性化需求。而在第五个战略阶段——网络化阶段，海尔要继续坚持互联网思维，深入做网络化的企业。海尔“人单合一”模式的基础与运行就体现了互联网思维，顺应了互联网时代“零距离”“去中心化”“去中介化”的要求。

在海尔“人单合一”模式转型的信息化推进过程中，张瑞敏用“油水分离”来形容早期的信息化建设，他认为做 ERP 不成功的原因是把 ERP 做成了“油水分离”的状态。“企业原来是水，把 ERP 当成‘油’放在上面，两者永远结合不起来。只有做到两者水乳交融，才能够真正地利用信息化给企业带来竞争力。”①海尔为了支持“人单合一”模式的企业转型，坚决及时地把信息化过程中的业务流程再造的起点选定为“用户价值最大化”这一海尔长期坚持的战略意图，从“中心库”的取消开始倒逼其他流程的改进。为了支持海尔生态系统的打造，海尔建设了“1＋7”平台架构；为了“人单合一”模式组织变革和再设计，海尔开发了“人单合一”信息系统、人单酬平台和日清平台，海尔的信息技术能够与企业的战略目标、组织结构、业务流程和决策文化如“水乳交融”一般完美结合在一起，真正实现了信息化的企业。

1.1.3　信息系统的概念和特点

很多学者和经典教材都对管理信息系统（Management Information System，MIS）的概念进行了定义，在此不再赘述。管理信息系统也可以称为信息系统（Information System，IS），综合来看，信息系统具有以下几个主要特点。

第一，信息系统是一个“人—机”系统，而不是单纯的软件系统或者计算机系统。

一提到“信息系统”，人们的第一反应往往是软件和硬件。其实还有一个很关键的要素，就是“人”。信息系统的工作必须由人和机器协同完成。而且越来越多的实际经验表明，人的因素在设计、使用和实施信息系统的过程中具有更主导的地位。

第二，信息系统的主要工作是进行信息的收集、处理、存储、分发和维护。

信息（Information）是经过某种加工处理后的数据，它通常具有某种特定的意义，而原始数据（Data）是未经过处理的、对现实世界的对象进行记录的符号。一般来说，信息系统将原始数据转换成有用的信息需要经过三个步骤：输入（Input）、处理（Processing）和输出（Output）。同时，信息系统通常还需要反馈（Feedback）的过程。其中，反馈最能体现人在信息系统中的作用，但在信息系统的设计、开发和使用过程中，反馈也最容易被忽视。信息系统的基本处理过程如图 1-1 所示。

① 来自张瑞敏 2009 年 6 月 12 日在沃顿全球校友论坛上的主题演讲。

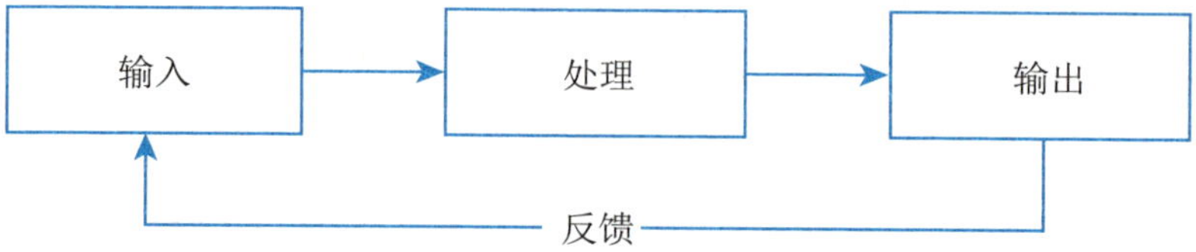

图 1-1 信息系统的基本处理过程

第三，信息系统为企业操作层、管理层和战略层提供所需要的信息，支持企业的基础运作、管理控制和决策分析。

信息系统的直接目标是实现对信息的有效管理，但其终极目标是对企业业务和决策进行支持。因此，信息系统领域不仅涉及技术，更要求深入了解相应的组织和管理方面的问题。从组织的视角来看，企业的业务可以分为基础运作层、中间管理层和高端战略决策层，每个层次所需要从事的业务和进行的决策都具有非常鲜明的特点。基础运作层的任务、资源和目标是预定的，决策问题是高度结构化的，因此其业务和决策具有明显的重复性，可以用明确的语言进行描述和定义。高端战略决策层的业务和决策属于非常规性的，主要依靠决策者的判断、评价和洞察力，不能用公认的程序求得解答，也很难用明确语言进行描述和定义。中间管理层的业务特点则介于基础运作层和高端战略决策层之间，主要是一些非结构化和半结构化的决策问题。

信息技术经常和信息系统一起出现，但是信息技术只是基于计算机进行信息处理和信息支持的工具，而信息系统强调系统性，它是将人、技术、组织、管理等各种要素有机结合在一起、共同作用的一个整体。

信息系统的概念依然在不断发展，尤其随着 IT 的发展，各种创新性的应用不断出现，信息系统一定还会出现更多新的形式。

需要注意的是，在企业中，信息系统只有优劣之分，不存在有无的问题。企业只要运作就必然存在信息，无论是以口头、纸面还是数字化的形式存在，对于这些信息的管理和处理就是信息系统。我们现在讲的信息系统大多是指基于计算机的信息系统。

1.1.4 企业中信息系统的主要形式

根据上面的分析，组织中各个层次的业务决策具有不同的特点，因此，我们可以将组织中的信息系统分为以下四种类型。

1. 业务处理系统(Transaction Processing Systems，TPS)

TPS 主要跟踪记录企业商务活动中必须进行的日常业务，它是企业的基础核心系统，是企业下列信息系统运行的主要数据来源。

2. 管理信息系统（Management Information Systems，MIS）

MIS 为中层管理者提供企业业绩报告，监督业务运作，并预计未来业绩。它主要根据 TPS 收集的数据，对企业基础运作进行总结和报告。因此，这里的 MIS 是一种狭义的概念。而管理信息系统还可以作为一个学科或者一门课程，这时它是一种广义的概念，泛指所有支持企业管理和决策的信息系统。

3. 决策支持系统（Decision Support Systems，DSS）

DSS 主要服务于中高层管理者，向决策者提供信息，协助决策者发现和分析问题，探索决策方案，评价、预测和选择方案，以提高决策有效性。

4. 主管支持系统（Executive Support Systems，ESS）

ESS 需要配合高层战略决策者的业务需要和工作习惯，提供更加有针对性、更加个性化的服务。为了提高决策者在处理非常规决策过程中的判断力和洞察力，ESS 需要提供及时、准确的内外部数据给高层管理者，同时也需要支持决策者的工作日程、会议交流和比较简单的数据处理等方面的需求。

一般来说，业务处理系统、管理信息系统、决策支持系统和主管支持系统之间具有如图 1-2 所示的联系。

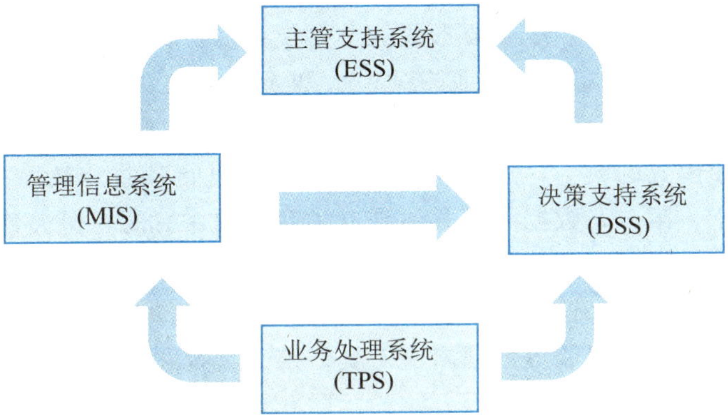

图 1-2 TPS、MIS、DSS 和 ESS 之间的关联

在企业中，除了有不同层次构成的纵向通道，还有不同业务职能构成的横向联系。而几乎在组织的每一个业务职能上都会有相关的信息系统和信息技术进行支持。从企业的业务职能角度来看，信息系统主要包括采购系统、仓储和物流系统、制造和生产系统、销售和市场系统、财务和会计系统、人力资源系统等。这些职能系统虽然分别处理各自的业务，但彼此是相互联系的，从而形

成了企业运作的整体流程。从业务职能的视角出发，企业中最常见的信息系统有：

- 企业资源计划(Enterprise Resource Planning，ERP)系统
- 供应链管理(Supply Chain Management，SCM)系统
- 客户关系管理(Customer Relationship Management，CRM)系统
- 商业智能(Business Intelligence，BI)系统
- 知识管理系统(Knowledge Management System，KMS)
- 办公自动化(Office Automation，OA)系统
- 电子商务销售平台和采购平台

目前，市场上的ERP产品大多基于职能领域来划分模块，比如，思爱普公司(SAP)的R3产品最常用的模块有财务会计和管控(Financials and Controlling，FI/CO)、人力资源(Human Resources，HR)、物料管理(Materials Management，MM)、销售与分销(Sales&Distribution，SD)、生产计划(Production Planning，PP)等。每个模块处理一定的业务任务，又彼此联系。比如，来自销售模块账单处理业务的发票就需要送到会计模块的应收账款和销货成本处理中。因此，从业务流程的视角理解企业信息系统非常重要。

随着互联网技术的深入使用和应用模式的不断创新，互联网视角下的信息系统也是理解企业信息系统主要形式的重要视角。互联网视角下的信息系统具有三个热点领域：创新性的商业模式、大数据与智能处理、物联网。而且这三个热点领域交叉融合，共荣共生。第一，互联网颠覆了企业传统商业模式，促进了新商业模式的诞生，这是企业依托互联网进行信息化转型的重要模式，具体见第6章。第二，数据分析并不是有了互联网才有的，但大数据的出现却是因为互联网提供了非凡的数据记录能力。大数据和云计算又为人工智能的再一次爆发提供了必要保证。未来企业的信息系统必须整合大数据、基本数据分析、数据挖掘和人工智能等数据增值工具。第三，物联网是互联网的下一个阶段，即万事万物互联成网。万事万物的互联互通将是对现有信息系统认知的极大颠覆。如果说现在的企业信息系统还是为企业业务服务、为实体服务，那么到了物联网时代，万事万物本身就是信息系统，信息系统本身就是万事万物，实体世界和虚拟世界将达到完美融合与统一。

1.2 业界动态：新兴科技公司的市值

2015年9月23日，中美互联网论坛在美国华盛顿州西雅图市举行。美国

的苹果、微软、亚马逊、Facebook、IBM 等公司以及中国的腾讯、阿里巴巴、百度、京东等公司的创办人或者首席执行官汇聚一堂。按照当时各大公司的股票市值，参加这场顶级峰会的公司的总市值超过了 2.5 万亿美元，相当于中美两国 2014 年 GDP 总和的 1/10。

新经济时代到来，全球上市公司的市值排名发生了很大变化。根据彭博社(Bloomberg)2016 年发布的报告，全球市值排名前 100 的公司中，科技板块的公司有 12 家，总市值将近 3 万亿美元，首次取代金融板块成为第一大板块。表 1-1 所示为其中市值排名前 20 的公司。

表 1-1　全球市值排名前 20 的公司

公司	国家	行业	排名变化↑/↓	2016-03-31		2009-03-31	
				排名	市值/十亿美元	排名	市值/十亿美元
Apple Inc.(苹果公司)	美国	科技	↑32	1	604	33	94
Alphabet Inc.(前身为谷歌)	美国	科技	↑20	2	518	22	110
Microsoft Corp.(微软公司)	美国	科技	↑3	3	437	6	163
Berkshire Hathaway Inc.(伯克希尔·哈撒韦公司)	美国	金融	↑8	4	350	12	134
Exxon Mobil Corp.(埃克森美孚公司)	美国	能源	↓4	5	347	1	337
Facebook Inc.(脸书)	美国	科技	—	6	325	—	—
Johnson & Johnson(强生公司)	美国	医疗	↑1	7	298	8	145
General Electric Co.(通用电气公司)	美国	工业	↑16	8	295	24	107
Amazon(亚马逊公司)	美国	消费服务	—	9	280	—	31
Wells Fargo & Co.(富国银行集团公司)	美国	金融	↑45	10	245	55	60
AT&T Inc.(美国电话电报公司)	美国	电信	↓4	11	241	7	149
Nestle SA(雀巢公司)	瑞士	消费品	↑3	12	239	15	129

续表

公司	国家	行业	排名变化↑/↓	2016-03-31		2009-03-31	
				排名	市值/十亿美元	排名	市值/十亿美元
China Mobile Ltd.(中国移动)	中国	电信	↓8	13	228	5	175
ICBC Ltd.(中国工商银行)	中国	金融	↓10	14	228	4	188
Procter & Gamble Co.(宝洁公司)	美国	消费品	↓5	15	223	10	138
Verizon Communications Inc.(威瑞森电信公司)	美国	电信	↑23	16	221	39	86
JPMorgan Chase & Co.(摩根大通集团)	美国	金融	↑11	17	217	28	100
Walmart Inc.(沃尔玛公司)	美国	消费服务	↓15	18	215	3	204
Roche Holding AG(罗氏制药)	瑞士	医疗	↓1	19	214	18	119
PetroChina(中国石油)	中国	能源	↓18	20	205	2	287

注：↑表示排名位次上升，↓表示排名位次下降。

到 2020 年年底，科技类公司的市值和排名比 2016 年有了更大提升，如表 1-2 所示。

表 1-2　2020 年年底全球市值排名前 10 的公司

排名	公司	行业	2020 年 12 月 31 日总市值/十亿美元
1	Apple Inc.（苹果公司）	科技	2 232
2	Microsoft Corp.（微软公司）	科技	1 678
3	Amazon(亚马逊公司)	消费服务	1 638
4	Alphabet Inc.（前身为谷歌）	科技	1 183
5	Facebook Inc.（脸书）	科技	778
6	Tencent Holdings Ltd.（腾讯控股）	科技	697(即 5.41 万亿港币)
7	Tesla(特斯拉)	汽车制造	677

续表

排名	公司	行业	2020 年 12 月 31 日总市值/十亿美元
8	Alibaba Group Holding(阿里巴巴)	消费服务	650
9	Berkshire Hathaway Inc.（伯克希尔·哈撒韦公司）	金融	537
10	VISA Inc.（维萨公司）	金融	426

苹果公司创立于 1976 年，致力于设计开发和销售消费电子、计算机软件、在线服务和个人计算机。苹果公司最著名的硬件是 Mac 电脑系列、iPod 媒体播放器、iPhone 智能手机和 iPad 平板电脑，在线服务包括 iCloud、iTunes Store 和 App Store，软件包括 Mac OS 和 iOS 操作系统等。

微软公司创建于 1975 年，以 Microsoft Windows 操作系统和 Microsoft Office 系列软件著名，是全球最大的电脑软件提供商。纳德拉接任 CEO 后确认"移动为先，云为先"战略，组织架构和业务调整全面以"云"为核心，并加强生态合作，带领微软顺利转型。2020 财年，微软公司实现智能云业务收入 483.7 亿美元，占营收比重 34%，成为推动公司总体营收增长的主要动力，Azure 日益追近亚马逊 AWS 在云市场中的地位，成为全球第二市场份额的云服务品牌。

亚马逊创建于 1994 年，目前以电子商务为平台不断地向其他领域延伸，包括 Kindle 电子阅读器、AWS 等，都成为各自领域的领先者。亚马逊的市值在最近几年可以用飙涨来形容，2015 年 3 月底亚马逊市值只有 1 730 亿美元，但到 2020 年年底已飙升了近 10 倍。

谷歌公司创立于 1998 年，2015 年更名为 Alphabet。谷歌公司起步于搜索引擎技术，而如今的 Alphabet 更接近于一家科技创新公司，包括 Android 移动操作系统、云服务、自动驾驶汽车技术、无人驾驶飞机技术、Google Glass、Google Home 等在内的项目开发都在不断推进。但目前 Alphabet 的核心业务营收和利润来源依然是搜索业务。

Facebook 目前是世界上最大的社交网络，月活跃用户和日活跃用户数据都是全球第一，基本上垄断了欧美的社交网络关系。

阿里巴巴集团创立于 1999 年，是一家提供电子商务在线交易平台的公司，业务包括 B2B 贸易、网上零售、第三方支付、云计算服务等。

腾讯公司于1998年成立，即时通信工具腾讯QQ、手机端应用APP使其成为中国最大的社交网络平台，同时其旗下还有腾讯网、游戏、第三方支付等业务。

当然，即使在新兴科技领域，因为把握"风口"的时机不同，各知名企业之间市值排名的涨落变化也比较频繁。

思考

① 获取全球上市公司的最新市值情况，关注新兴科技公司的表现，并与目前的情况相比较，了解和分析变化背后的原因。

② 作为轻资产的公司，新兴科技公司如何能够在市值上战胜能源、制造类公司？

1.3 案例分析：西门子的数字化工厂①

坐落于成都高新西区的一座看起来并"不起眼"的工厂，内部却令人叹为观止——举目望去，车间里非常干净、明亮，大量吊臂、机器人、布满传感器的流水线、计算机、电子屏幕等机器设备有序地安放在一定的位置并进行通力合作。当贴有无线射频识别技术(Radio Frequency Identification，RFID)标签的物料通过轨道自动进场之后，传感器读取标签中的信息并指挥它进入下一道工序。当来到组装环节后，机器人会通过读取标签中的信息进行相应的组装操作。物料带着数字信息通过无线信号来和生产环境进行信息交换，自动完成了生产全过程。车间内为数不多的工人只是在盯着计算机旁的电子屏幕，偶尔操作一下鼠标。人、机器、信息之间的互动看似如此简单、透明且智慧，这似乎为中国未来的制造业画就了一幅蓝图。

这就是西门子工业自动化产品成都生产研发基地(Siemens Electronics Works Chengdu，SEWC)，它是全球最先进的电子工厂之一，也是全球电子电气巨头西门子继德国安贝格电子工厂之后在全球建立的第二家"数字化企业"。它实现了从产品研发到生产制造整个价值链的高度数字化和互联。

在工业自动化产品的制造研发方面，成都工厂遵循西门子全球统一的研发、生产和质量标准，采用Siemens PLM(Product Lifecycle Management)虚

① 参考计世网2011年11月22日《西门子数字化工厂诠释未来制造》，以及《IT经理世界》2014年2月《未来的工厂》进行撰写。

拟化产品研发系统，以及制造执行系统(Manufacturing Execution System, MES)和全集成自动化解决方案(Totally Integrated Automation, TIA)等，将产品全生命周期进行集成，实现了信息在不同环节间的无缝连接，使工厂运作全面透明，可以缩短产品上市时间高达50%。成都工厂的前瞻性设计还给了工厂极高的灵活性，可以满足不同产品的混合生产，并可为未来的产能调整做出合理规划。

1. 研发——数字化旅程的起点

成都工厂也是西门子全球第三个工业自动化产品研发中心，也就是说研发是成都工厂的一项重要任务。因此，研发对于这样一座数字化工厂非常重要，是其数字化旅程的起点。

在成都工厂，西门子产品研发阶段采用的主要工具是包括NX和Teamcenter在内的Siemens PLM解决方案，这些数字化设计工具大大缩短了产品从设计到分析的迭代周期，缩短了产品开发周期。产品设计完成后，承载着专有的产品数据信息，通过CAM系统进入生产线。同时，产品的数据信息也会进入Teamcenter软件中，以供之后的制造、质量、采购和物流等部门共享并实时更新，各部门都可以在第一时间拿到最新的数据，这也避免了企业由于沟通不畅而产生的差错，使效率大大提升。

2. 数字化生产和物流

在成都工厂，一层是进行原材料存放的高位货架立体仓库，仓库中有近3万个物料存放盒，布局有序紧凑。仓库中物料的存取都是通过堆取料机用数字化定位模式进行抓取，而不是用传统的叉车进行搬运。每当新的物料需要进入仓库时，进料检验人员采用Teamcenter中的同步数据进行物料检验，然后由物流管理系统将物料送入仓库，并通过自动化方式准确地将原材料放入高位货架上的正确位置。

一层物料仓库通过两座升降电梯与二层生产车间相连。每天生产时，制造执行系统生成生产任务单，向物料系统发出指令。物料系统将原材料从一层的自动化高位货架出库，经过传输系统传送至升降梯，经过升降梯将物料送到二层的生产车间。如果某些物料无法通过自动化方式运至指定目的地，那么制造执行系统会把电子任务单发送给相应的工人，由工人将提升上来的物料送到它应该去的地方。

在生产线上，传感器会扫描产品信息，以确定下一个程序。产品进入下一个工序前都要通过严格的检验，整个生产过程中质量控制点多达数十个。比如视觉检测是数字化工厂特有的质量检测方法，它用相机拍下产品的图像，与Teamcenter数据平台中存储的正确图像进行比对，不会放过任何瑕疵。

最后，产品经过多次装配和多道检验后将到达包装工位，经过人工包装和装箱，自动化产品就会通过升降梯和传送带被运送到物流中心或立体仓库。

在整个生产过程中，制造执行系统对整个过程起到了高度协同控制作用。西门子的制造执行系统 SIMATIC IT 集成了工单管理、物料管理、人员管理、产品定义管理、工作日历、实验室质量管理、工厂数据分析、报表管理、数据集成管理等多种功能。

3. 人与机器协作

如上描述，传统制造企业一般要通过数十上百人密集在流水线旁来完成的生产工作，就这样在西门子的数字化工厂里自动完成了，车间里的工人人数屈指可数。

比如在装配环节，一名普通的装配工人，如上所述不需要手抄任务单，只要从工作台前方的电脑屏幕中获取实时任务单即可。生产订单自动下达，生产计划、物料管理等数据也会实时传达。在他们的工作台上，有几个不同的零件盒，每个零件盒上都配有指示灯。当自动引导小车送来一款待装配的产品时，传感器都会扫描产品条码信息并显示在电脑显示屏上，然后相应需要安装的零件盒上的指示灯就会亮起，装配工人就知道该安装什么零件。确认装配好产品之后，装配工人只需按下工作台上的一个按钮，流水线上的传感器就会扫描产品的条码信息，记录它在这个工位的数据信息。制造执行系统会以这些数据为判断依据，向控制系统下达指令，自动引导车会将它送去下一个目的地。

4. 布局工业 4.0

出于对实现“工业 4.0”的战略考量，西门子过去几年每次收购软件公司都希望能借此来整合和进一步开发实现“工业 4.0”所需技术专长。比如 2007 年西门子通过收购并更名建立了 Siemens PLM 软件，借此西门子宣布了新的软件战略。2012 年 9 月，德国 Perfect Costing Solution 公司加入西门子，其技术能够实现在新产品规划阶段就估算出其制造成本。2013 年年底，西门子收购 TESIS PLMware 公司，该公司是业界公认的将 PLM 软件与其他企业应用进行集成的领先厂商。

“工业 4.0”是德国政府提出的一个高科技战略计划。该项目由德国联邦教育及研究部和联邦经济技术部联合资助，投资预计达 2 亿欧元，组织了 20 多家德国企业、机构、大学来参与，西门子是两家牵头单位之一。该项目旨在提升制造业的智能化水平，建立具有适应性、资源效率及人因工程学的智慧工厂，在商业流程及价值流程中整合客户及商业伙伴。

思考

① 西门子的未来工厂都应用了哪些信息技术？通过案例内容分析总结每种信息技术所处理的主要问题和作用。

② 案例材料所描述的未来工厂中，人和机器的分工是什么？这种分工协作模式会给企业带来哪些好处和问题？

③ 根据材料，数字化工厂要实现哪些方面的数字化？数字化工厂的实现到底应该人占主导还是机器占主导？为什么？

④ 什么是“工业 4.0”？中国和其他国家是否有类似的战略计划？查找各种资料，比较德国、美国和中国在信息革命上的特点。

1.4　案例分析：信息化的海尔

2015 年海尔推出“会洗澡的空调”——自清洁空调，解决清除空调蒸发器污垢的用户痛点。自清洁空调是海尔空调产业平台的张鹏和他的团队创新运作的。他们联合科研院所实验上千次，利用冷膨胀等技术研发了自清洁空调，并获得了 4 项专利技术。2016 年 3 月，海尔设立自清洁空调小微。通过内部“抢单”竞聘，张鹏成为海尔自清洁小微的“小微主”。张鹏的小微里有 8 个人，包括 6 个专职员工，另外 2 个是“接口人”，对接海尔的供应链体系、质量体系。在小微里，张鹏有决策权、用人权和分配权。在为企业创造更大价值的基础上，张鹏的收入也翻了两番，一方面是小微主的工资更高，另一方面来自超利分享，他与海尔签订了业绩“对赌”协议，超过目标的利润可以分享。小微主的职位是动态的。“抢单”竞聘时，如果业绩目标报低了，张鹏就当不了小微主。当上小微主后，如果制定的目标第一个季度完不成，张鹏就会进入“警示池”，第二个季度完不成就进入“还原池”，如果还是无法改善，就由别人来抢单。超利分享的动力和抢单竞聘的压力使小微形成“自驱动”模式。截至 2017 冷年①，

① 冷年是空调行业内的一种说法，因为空调的使用具有较强的季节性，一般是将从前一年的 8 月开始到当年的 7 月为止称为一个冷年，即 2017 冷年是指从 2016 年 8 月至 2017 年 7 月这段时间。

海尔智能自清洁空调销量突破 600 万套，占据整个自清洁空调市场 7 成以上份额①。

张鹏的小微是海尔“人单合一”模式下众多小微中的一个缩影。

1984 年，张瑞敏接任当时已经资不抵债、濒临倒闭的青岛电冰箱总厂厂长，在改组基础上成立了青岛海尔股份有限公司。海尔从单一生产冰箱起步，拓展到家电、通信、IT 数码产品、家居、物流、金融、房地产、生物制药等多个领域。2016 年海尔全球营业额实现 2 016 亿元，利润总额 203 亿元，同比增长 12.8%，线上交易额实现 2 727 亿元，同比增长 73%。张瑞敏认为，没有成功的企业，只有时代的企业，所谓成功只不过是踏准了时代的节拍。从 1984 年至今，他以企业“组织设计师”的使命，引领海尔经历了如图 1-3 所示的六次发展战略变革：名牌战略阶段(1984—1991 年)、多元化战略阶段(1991—1998 年)、国际化战略阶段(1998—2005 年)、全球化品牌战略阶段(2005—2012 年)、网络化战略阶段(2012—2019 年)和生态品牌战略阶段(2019 年至今)。

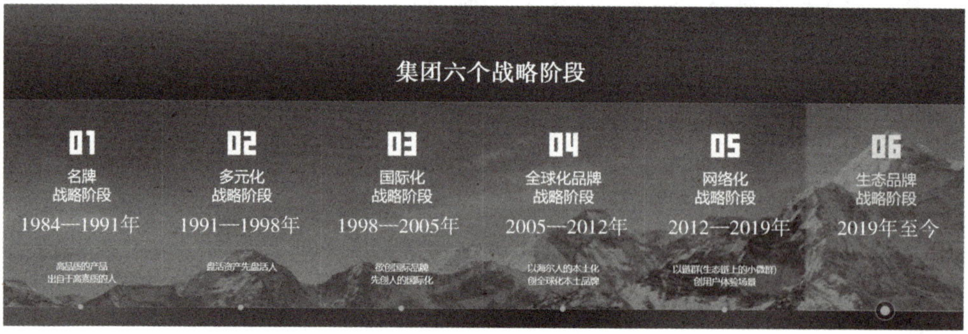

图 1-3 海尔集团六个战略发展阶段②

“人单合一”模式是张瑞敏在 2005 年正式提出的概念。海尔认为，互联网时代就应该采用“互联网思维”，其中用户思维要满足用户个性化需求，去倒逼新生产模式的出现，工业时代典型的大规模生产要升级为大规模定制模式。大规模定制模式意味着商业模式和管理范式需要进行变革和创新。海尔的“人单合一”模式，就是一种典型的定制模式。“人”指的是员工，“单”指的是用户价值，“合一”指的是员工的价值变现与所创造的用户价值匹配。“人单合一”模式

① 数据来源：《智能自清洁空调行业白皮书》，2017 年 6 月。

② 图片来源：海尔集团官网。

顺应了互联网时代“零距离”“去中心化”“去中介化”的要求①。

在“人单合一”管理模式下，海尔实现了“企业平台化、员工创客化、用户个性化”的巨大转变。海尔认为，内部层级越多，与用户的距离就越远。为最大限度减少层级，海尔2014年大刀阔斧减掉了1万多名中层人员，整个集团从一个家电企业转型为创客孵化平台，所有员工组成一个个创业小微，即独立运营的创新团队。小微发挥“船小好调头”的优势，与个性化用户需求快速对接，谁能满足用户需求、创造更大价值，谁就受益更多，不能创造价值的人必须离开。员工的工作不是由上级来评价，而是由用户来评价；不是由企业付薪，而是由用户付薪。在这个过程中，企业转型成了网络化平台组织，员工转型成了用户价值驱动的创客，原来的顾客转型成了可以参与到企业中提出个性化需求的用户，把用户、员工以及利益相关方都汇聚在这一平台上，形成共创共赢共享的生态系统。

海尔向“人单合一”模式的转型经历了十多年的摸索，在“人单合一”的背后也打造了一个坚实匹配的信息技术基础架构。1995—1998年，海尔信息化建设起步，建立了售后服务系统、内部办公自动化系统、会计电算化及基础网络等，大幅提升企业内部管理效率和响应用户需求的速度；1998—2006年，海尔进行企业基础管理的信息化建设，供应链管理、物流配送、资金流管理结算及客户关系管理等系统的建设使得企业逐步向零库存、零营运资本和与用户零距离的目标迈进；2007年之后，海尔的信息化建设进入“人单合一”转型阶段，为了配合企业的战略目标和组织变革，真正实现企业和信息系统的“水乳交融”，海尔经历了很长时间的摸索，其中也不乏波折。

2007年4月26日，海尔启动了1 000天信息化再造，要打通已有的600多个“信息孤岛”，完成2 000～2 500个流程构建，努力构建一个距离市场最近，能够实现即时响应、内外信息一体化的流程和信息系统。但2008年海尔全球增值系统(HGVS)上线后，结果却发现有了流程却远离了市场和客户。海尔开始反思，不能孤立地建设ERP系统，更不能用固有的ERP程序来做市场。原有的流程再造更多地聚焦于企业内部效率的提升，以及各部门的协作，而忽略了用户价值，不能和海尔“人单合一”的商业模式相匹配。

于是，海尔转向以“用户价值最大化”为起点，重新进行流程再造和信息平

① 来自周云杰2016年8月16日发表在《人民日报》的《推进互联网时代企业制度创新》一文。周云杰，海尔集团董事局副主席，总裁。

台的打造。2008年8月28日起，海尔取消了“中心库”，按照零库存下的即需即供模式重新建立业务流程。即使在销售业绩下滑的冲击下，张瑞敏依然坚决地告诉相关负责人，“没问题，我相信客户价值最大化这条规律是对的，销售业绩下降是可以容忍的，你们去干”。正是由于对这一目标的坚持，使得海尔从客户价值出发倒逼了包括物流、营销、制造、研发设计和供应链等整个体系的改进。经过多年努力，海尔终于再造了端到端的全流程体系，并在此基础上建立了供应链信息化平台，对订单全流程进行管理和优化，让研发、营销、供应链三方协同，快速响应用户。

为了打造面向大规模定制的网络化开放性共创共赢共享的生态系统，海尔建设了“1+7”平台架构，包括面向用户的物联网智慧生活平台(U+)、用户个性化定制平台(众创汇)、零距离即时营销平台、开放创新平台(HOPE)、模块商资源平台(海达源)、智能制造平台(智能互联工厂)、智能物流平台(日日顺)、智能服务平台等。

海尔信息化实践的目标除了为用户服务，还要为员工服务。“人单合一”是一种组织变革和再设计，需要对企业转型后的各种经营体和创客进行信息支持。海尔在信息系统中建立了以经营体为索引的“人单合一”信息平台，来展示每个自主经营体的经营状况，每个自主经营体都有自己的独立账户和电子损益表。为了衡量每一位员工创造的价值，信息系统中开发了以人为索引的人单酬平台，每个人都可以实时在电子人单酬表中看到自己薪酬账户的信息。日清体系是“人单合一”模式中的执行核心，它向上承接战略目标，向下连接人单酬表。海尔开发了信息化日清平台，把预算内容分解到每天的工作预算中，对每个经营体、每位员工每天的工作进行日清，对市场变化、经营状况、个人业绩进行及时反馈。

海尔在建设信息系统平台的基础上，更着力于对数据的利用。比如，基于上面的“人单合一”信息系统、人单酬平台和日清平台，每天早上9点员工上班就能看到自己前一天的数据，包括年度目标、月度目标、当日目标，每个目标与现实的差距，自己创造的收入、利润、贡献度以及自己花费的成本等。员工对自己的业务情况一目了然，他们知道自己应该怎样及时调整，在哪里发力，从而保持在一个正确高效的轨道上。管理者在很大程度上减少了日常的管理负担，让“员工自己驱动自己工作”，而驱动力就来自数据分析。不同于传统报表，海尔通过数据可视化分析工具和互动的数据使用方式，让管理者可以更好地发现数据表象背后的问题和原因，让数据讲故事。再比如海尔给每台空调在生产中安装了一个智能模块，在用户授权下，空调的运转数据被实时传送到海尔数据中心。在数据中心的监测屏上能够展现各地用户的室内空气数据，根据空气的干燥潮湿污染与否等各方面数据，为海尔研发中心的新产品开发提供创意。同时，在海尔“热舒适研究中心”，通过数学方法，把海南、长白山最舒适的自然风的各项参数提炼出来，导入实验室中的仿生人。根据仿生人每次反馈数据揭示的人体代谢信息，海尔研发人员正在逐步开发舒适的自然风系统。把数据和信息作为海尔工作和决策的依据，不仅仅成为一种工作方式和习惯，更内化成员工的信念以及海尔的文化，在更深层次上实现信息化的海尔。

在海尔，所有信息系统的搭建都是由流程系统创新部(Process System Innovation，PSI)来负责完成的，它是海尔集团流程系统变革的主推部门，其定位是成为海尔集团流程再造的推进器、业务部门的最佳协作伙伴以及高效的系统运行平台。

海尔的信息化发展基于企业战略，变中求胜，从以企业为中心的“企业信息化”，转变成为以用户和员工为中心的“信息化的企业”。今天的海尔，已经具备了互联网精神的基本特征，用户、供应商、内部员工的深度参与交互已经成为海尔研发模式的特色和动力源泉，虚实网融合消除了企业与用户之间的距离，先进的信息技术也为海尔构筑了“全流程用户体验驱动”的虚实网融合竞争优势。

思考

① 什么是“人单合一”模式？“人单合一”模式和海尔的战略有什么关系？

② 海尔是如何在实践中把握信息化建设与“人单合一”模式之间的关系的？

③ 海尔的信息化和信息化的海尔有什么不同吗？

1.5　体验性实验：你身边的数字化校园

现在很多大学都在建设数字化校园。数字化校园是以数字化信息和网络为基础，凭借计算机和网络技术建立起来的对教学、科研、管理、技术服务、生活服务等校园信息进行收集、处理、整合、存储、传输和应用，使数字资源得到充分优化和利用的一种虚拟教育环境。通过实现从环境(包括设备、教室等)、资源(如图书、讲义、课件等)到应用(包括教、学、管理、服务、办公等)的全部数字化，在传统校园基础上构建一个数字空间，以拓展现实校园的时间和空间维度，提升传统校园的运行效率，扩展传统校园的业务功能，最终实现教育过程的全面信息化，从而达到提高管理水平和效率的目的。

数字化校园是我们体验和理解信息技术和信息系统应用最直接，也是距离最近的途径。数字化校园并不是封闭的，它往往也会和社会上的信息系统或者其他企事业单位的信息系统相衔接，进行信息的处理和共享。请按照以下步骤操作并思考，细细体会每一个细节应用。以小组为单位，提交一份书面报告，并以口头形式报告，以便各小组之间交流实验成果和心得。

实验步骤和要求

① 列举你身边数字化校园中的信息技术和信息系统的应用，分析它们对学校各项业务管理的重要作用。登录相关网站、联系学校相关管理部门，或者通过其他可行的方式，尽量获取更加全面、准确的学校信息系统的总体方案，看与你所看到的、感受到的、使用过的信息系统应用是否相符。

② 登录你所在学校的教务管理系统，并询问相关的教务管理人员，详细描述该系统的功能。从层次的视角，分析这些功能如何支持学校管理层的管理控制和业务层的操作处理。

③ 教务管理系统为学生提供了简便快捷、公平合理的网上选课平台。认真体验学生网上选课的功能和过程，详细描述该过程的输入、处理和输出。

④ 你所在的学校是否有类似“校园一卡通”之类的学生卡，你的学生卡可以在学校的哪些领域使用？列举1～2个学生卡应用的具体情景。你觉得学生卡与学校的教务管理系统、后勤管理系统、财务管理系统等各种相关系统之间是什么关系？

⑤ 你们的数字化校园是否存在和外界的信息接口？都有哪些外部系统？

⑥ 你觉得你所在学校还有哪些需要改善或者需要增加的IT应用？

⑦ 除了学校，还有哪些组织正在构建数字化平台？列举它们的主要功能。

1.6 设计性实验：提出一个基于互联网的创新性商业构想

信息技术，尤其是互联网的创新应用与日俱增，为现代商业带来了很多巨大的、甚至是颠覆性的变化。很多成功的商业模式，都来自大学时代的奇思妙想或者创新成果。不甘平庸的你也可以利用这个大好时机，依托互联网平台或者其他信息技术开展一个创新或者创业项目，打造一个基于互联网的企业或者商业模式。

设计一个基本可行的互联网创新创业方案，需要做很多准备工作。本书第1章、第2章和第7章的实验，会从不同方面陆续引导你思考这个方案应该要考虑哪些问题，最后到课程结束完成一个比较完整的项目方案。

在本章的实验里，你需要提出一个初步的设想，为未来更详细的设计找到一个方向。一般来说，任何设想都不是凭空得来的，需要对相关领域有些思考和积累。比如，你可以针对你身边的、你所知道的或者你所感觉到的问题，发掘采用信息技术进行解决和改善的可能；结合你在网上冲浪的经验，发现互联网上依然存在的空白和不足；针对你所感兴趣的商业、娱乐、生活等领域中存在的生态系统，仔细寻找其中的利基领域，等等。你可以从互联网上获取更多的相关信息，分析更多的案例，并结合你的资源优势来选择合适的业务领域。然后在此基础上，初步策划其商业模式。

1. 选择合适的业务领域

在互联网上建立企业的第一件事情，就是要确定企业的业务构想，如打算卖什么？是产品还是服务？你拥有什么专长或者能提供什么特别的东西？

利用搜索引擎，登录相关网站或者访问相关 APP，搜索、收集相关信息，采用波特的竞争力模型，分析你所确定的业务构想所面对的外部威胁和机会，包括本市场可能的新进入者、来自替代产品和服务的压力、顾客讨价还价的能力、供应商讨价还价的能力、行业内已经存在的竞争者的竞争能力，重点回答以下问题以对你的业务构想进行反复的核查和论证。

① 你能找到多少网站或者 APP，它们所提供的产品和服务与你计划提供的产品或服务相同或者相似？详细列出这些网站或者 APP 的名称、网址、国别(国内还是国外)、主要产品或者服务及其特色。

② 你提供的产品或服务的目标客户是谁？具有哪些特点？客户群体的大小如何？每个购买者可能的购买量如何？可参照已有的相似网站进行推测。

③ 你所提供的产品或服务是否依赖于一个或者少数基石企业，是否能够成为由大公司建造的、较大的生态系统中有利可图的利基企业？

2. 初步设计商业模式

体验与你的设想有一定相似性的成功网站或者 APP，看看它们提供的功能和特色活动，再查找资料并尝试分析它们的商业模式，包括价值定位、客户、客户关系、渠道、关键业务、核心资源和合作伙伴等，初步确定你的商业模式。

① 这些网站或者 APP 具有哪些通用的和特殊的功能？

② 这些网站或者 APP 具有哪些特色活动？

③ 它们的商业模式，包括客户、客户关系、渠道、价值定位、关键业务、核心资源和合作伙伴等是怎样的？对你的项目有哪些借鉴意义？

实验步骤和要求

基于上述资料的查找，并充分挖掘你们的创新意识，初步撰写一个电子商务创新的构想方案。在撰写过程中，不断和你的伙伴进行交流，分享彼此的创新思路。

1.7 阅读思考：《信息简史》

《信息简史》是 *The Information：A History，a Theory，a Flood* 的中文版。该书英文版2011年一面世便登上了《纽约时报》畅销书榜，2012年荣膺久负盛名的英国皇家学会科普图书奖等一系列大奖。《信息简史》2013年在中国出版，2014年荣获第九届文津图书奖。

《信息简史》的作者是詹姆斯·格雷克(James Gleick)，曾长期在《纽约时报》担任记者和编辑，并多年为《时代》周刊撰写技术专栏。1987年，他的首部作品《混沌：开创新科学》入围美国国家图书奖和普利策奖的决赛，并成为畅销书，使得“混沌”“蝴蝶效应”的说法家喻户晓。其后他又陆续出版了《费曼传：1000年才出一个的科学鬼才》(1992)、《越来越快：飞奔的时代飞奔的一切》(1999)、《牛顿传》(2003)等书。

人类与信息遭遇的历史由来已久。在《信息简史》中，作者回顾了信息的历史，或者说是人类使用信息的历史。从远古的人类将信息对应成几种信号进行传递开始，信息便随着人类活动而逐渐产生，文字和数字也应运而生。近代，电和编码的出现以及广泛使用导致信息数字化快速发展，这也正是计算机和信息论诞生的背景。1948年，香农创立了信息论，人类开始自觉地理解和利用信息。现如今，信息如洪流般淹没了我们，使我们深陷信息过载、信息疲劳的困扰。维基百科、Google又成为我们应对这些问题的有效手段和典型代表。可见，信息一直纵贯人类社会发展，而现今更成为这个社会中最基础、最重要的资源之一。

阅读《信息简史》并完成以下思考题。

思考

① 综观全书中信息的发展和作用，试分析到底什么是信息，信息的作用是什么。

② 人类社会中信息的发展大致经历了几个阶段？每个阶段中的信息具有哪些特点？

第 2 章　企业的信息技术基础设施

信息技术基础设施为企业信息系统应用提供了可共享的资源和基础平台。在企业信息化建设中，信息技术基础设施的建设是投资重点。信息技术的不断发展为企业信息化提供了更多深入、拓展的可能性，成为企业信息化不断创新的主要推动力之一。本章介绍了信息技术基础设施的基本情况和发展趋势，这对于理解信息系统具有非常重要的作用。

2.1　知识要点

2.1.1　信息技术基础设施的发展

企业信息技术基础设施作为一个整合平台，其发展与计算机技术、网络技术等各方面的发展息息相关。肯尼斯·劳顿等提出了信息技术基础设施发展的五个阶段分别是：通用主机和微机、个人计算机、客户机/服务器、企业互联网计算、云计算。但纵观整个信息技术的发展和应用过程，后面的阶段并不会完全抛弃前面阶段中的计算能力配置和构成模式。因此我们在本书中通过介绍信息技术基础设施发展过程中的一些重要里程碑来描述其发展脉络和趋势。

1. 世界上第一台电子计算机(20 世纪 40 年代)

世界上第一台电子计算机是由美国爱荷华州立大学的约翰· 文森特·阿塔纳索夫(John Vincent Atanasoff)教授和他的研究生克利福特·贝瑞(Clifford Berry)在 1937—1941 年开发的“阿塔纳索夫-贝瑞计算机(Atanasoff-Berry Computer，ABC)”，它使用了真空电子管计算器，二进制数值，可复用内存。

第一台电子计算机的问世表明电子计算机时代的到来。这之后，计算机硬件在逻辑元件上经历了从电子管(1946—1958 年)到晶体管(1958—1964 年)到集成电路(1964—1970 年)再到大规模集成电路(1970 年至今)的发展过程。

2. 大型主机和小型机(20 世纪 60 年代)

1964 年，美国 IBM 公司推出 IBM System/360(S/360)，代表了大型主机的正式诞生。大型主机(Mainframe Computer)，又称大型机、主机等，主要指从 IBM System/360 开始的一系列计算机及与其兼容或同等级的计算机，主要用于大量数据和关键项目的计算，例如银行金融交易及数据处理、人口普查、企业资源规划等。主机逐渐发展为可以支持多个远程终端的中央主机系统，它通过专用的通信协议和专用的数据线将多个远程终端连接在一起。

1965年，数据设备公司(DEC)推出了小型计算机(Minicomputer)。小型机功能强大，但价格远远低于大型主机。这使得非集中式计算成为可能，不必共享一台大型主机，满足了独立部门或者业务单位的定制需求。

3. 个人计算机(20世纪70—80年代)

1971年，Kenbak公司推出的Kenbak-1，是世界公认的第一部个人计算机(Personal Computer，PC)。但直到1981年，IBM推出以英特尔的x86为硬件架构，以微软公司的MS-DOS为操作系统的个人计算机，才标志着个人计算机时代的真正开始。之后，使用英特尔所推出的微处理器以及微软所推出的操作系统的个人计算机(Wintel PC)成为标准的台式个人计算机。个人计算机，又称为个人电脑，是对在大小、性能以及价位等多个方面适合个人使用，并由最终用户直接操控的计算机的统称。

4. 客户端/服务器(20世纪80年代)

20世纪80年代开始，随着个人计算机的应用与推广，计算机联网的需求增大，各种基于PC互联的局域网纷纷出台。其中，最初的典型结构是为所有联网PC设置一台专用的可共享的网络文件服务器。用户通常在PC上操作、运行主要任务，而只有在需要访问共享服务器文件时才通过网络访问文件服务器，体现了计算机网络中各个计算机之间的协同工作。这实际上就是一种客户端/服务器模式(Client/Server，C/S)。C/S结构的优点是能充分发挥客户端PC的处理能力，很多工作可以在客户端处理后再提交给服务器，因此客户端响应速度比较快。但C/S模式中，客户端一般需要安装专用的客户端软件，客户端的维护和管理需要高昂的成本和复杂的技术支持，维护成本很高。

B/S(Browser/Server)模式是伴随着Internet的兴起，对C/S结构的一种改进。在这种模式下，客户端不需要安装专门的软件，只需要浏览器即可，浏览器通过Web服务器与数据库进行交互，可以方便地在不同平台下工作；服务器端可采用高性能计算机，并安装大型数据库。B/S结构简化了客户端的工作，但该结构下服务器端的工作较重，对服务器的性能要求更高。

5. 云计算(21世纪伊始至今)

2006年3月，亚马逊推出AWS(Amazon Web Service)服务，这实际上就

是一种云服务。2006 年 8 月，云计算(Cloud Computing)的概念由 Google 首席执行官埃里克·施密特在搜索引擎大会(SES San Jose 2006)上首次提出。云计算是继 20 世纪 80 年代大型计算机到客户端/服务器模式的大转变之后的又一次剧变。

美国国家标准与技术研究院(NIST)对云计算的定义是——云计算是一种模型，这种模型能够实现对可配置的计算资源共享池的便捷、按需的网络访问，这些资源(例如，网络、服务器、存储、应用程序服务)能够以最少的管理付出或是与服务供应商最少的交互来被快速供应和释放①。

通俗来讲，云计算将大量服务器(有可能是几十万台)整合在一起，然后对这些硬件资源进行按需管理，为客户提供更多的服务和更好的体验。通过云计算，公司和个人不需要额外购买硬件和软件，而是通过互联网就能获得运算和软件。从 C/S 结构到云计算的发展，我们看到越来越多的文件、计算、应用、服务可以被放到云端服务器，而客户端的要求越来越简化，客户用笔记本电脑、普通 PC，乃至手机和平板电脑都可以登录云端访问文件和应用。

云计算包括以下几个层次的服务——基础设施即服务(Infrastructure as a Service，IaaS)，平台即服务(Platform as a Service，PaaS)和软件即服务(Software as a Service，SaaS)。如图 2-1 所示，一般来说，通常的应用系统架构自底而上包括网络、存储、服务器硬件、虚拟化、操作系统、中间件、运行时、数据库、应用九大层次，云计算 IaaS、PaaS、SaaS 可以为应用系统架构的不同层次组合提供支持。

IaaS，基础设施即服务，通过网络对外提供计算机基础设施服务，包括服务器、存储和网络等服务。在这种服务中，用户不需要自己构建数据中心等硬件设施，而是按需租用这些资源。用户能够在其上部署和运行任何软件，包括操作系统和应用程序，不仅节省了对上述资源的维护成本和办公场地费用，还可以在任何时候利用这些基础设施来运行其应用。PaaS，平台即服务，为开发者生成、测试和部署软件应用程序提供平台和技术支持服务。开发者在软件研发过程中不需要管理和关注底层硬件与操作系统，只需要关注自己的业务逻

---

① 英文原文为：Cloud computing is a model for enabling convenient，on-demand network access to a shared pool of configurable computing resources (e. g.，networks，servers，storage，applications，and services) that can be rapidly provisioned and released with minimal management effort or service provider interaction.

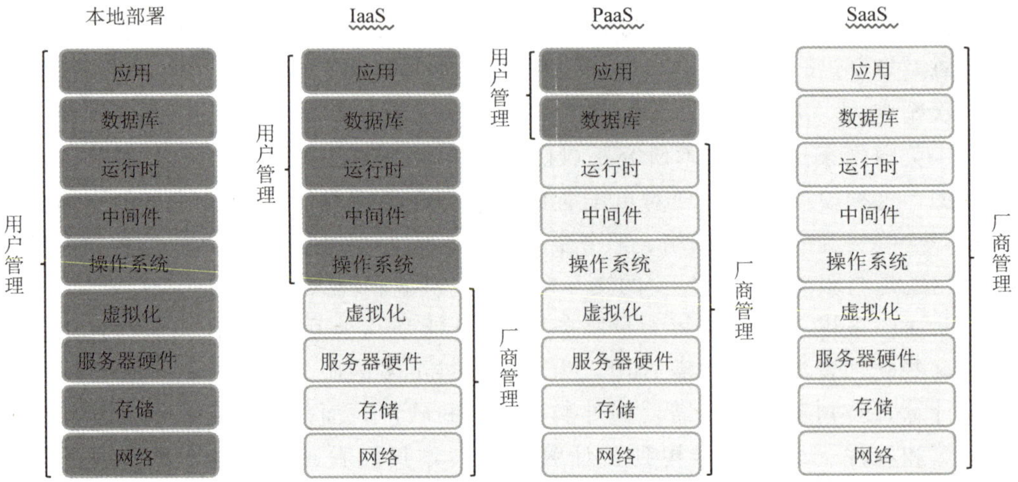

图 2-1　IaaS、PaaS 和 SaaS 提供的服务的区别

辑，可以提高开发效率并节约开发成本，也能快速响应终端用户的需求。SaaS，软件即服务，即通过网络提供软件服务。用户根据需要，向 SaaS 服务提供商按需购买软件服务。一般来说，用户通过电脑、手机等设备上的客户端界面(比如浏览器)就能访问和使用服务，而不需要管理维护任何服务器、操作系统和软件系统等。

2.1.2　信息技术基础设施的构成

信息技术基础设施是为企业特定的信息系统应用提供平台的共享技术资源，信息技术基础设施的配置应该满足企业未来 3～5 年业务发展的需要。第 1 章介绍了三大类信息技术——自动识别技术与感测技术、网络与通信技术，以及计算机技术。因此信息技术基础设施也主要涉及这三大方面。为了更清晰地认识信息技术基础设施建设过程中的关键构成技术，这三大方面进一步分解为更具体的技术平台，分别是计算机硬件、操作系统、应用软件、数据库管理系统、网络与通信平台、自动识别技术、感测技术、信息网络安全技术等几个方面，如图 2-2 所示。这些方面在企业进行信息技术基础设施建设的时候，几乎都是必须要考虑的关键环节。

下面对各类技术进行简要介绍。

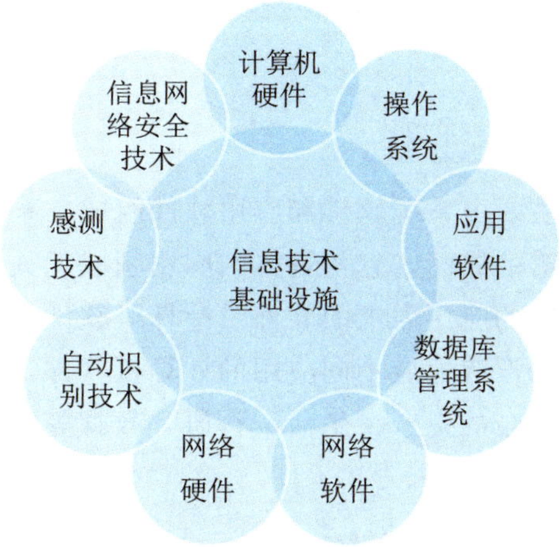

图 2-2 企业信息技术基础设施的构成

2.1.3 计算机硬件系统

1. 计算机的组成部件

计算机是企业中最常见的信息技术基础设施。计算机有五大组成部件——运算器、控制器、存储器、输入设备和输出设备。运算器和控制器统称中央处理器(Central Processing Unit, CPU)。存储器分成内存储器(可简称为“内存”)和外存储器(可简称为“外存”，像软盘、光盘、硬盘、U 盘等)两大类。CPU、内存储器以及连接输入输出设备的接口统称为主机，而外存储器、输入设备和输出设备统称为外部设备或者外围设备，简称“外设”。输出设备包括显示器、打印机等，输入设备包括键盘、鼠标、摄像头、扫描仪、手写输入板、游戏杆、语音输入装置等。

2. 摩尔定律

1965 年，英特尔创始人之一戈登·摩尔提出的摩尔定律(Moore's Law)认为，集成电路上可容纳的电晶体(晶体管)数目，约每隔 24 个月便会增加一倍，也就意味着芯片的性能提高一倍；1975 年，根据当时的实际情况，摩尔对摩尔定律进行了修正，把“每年增加一倍”改为“每两年增加一倍”。这个看起来自然而然的进程很大程度上是人类控制的结果，自从 20 世纪 90 年代以来，半导体行业每两年会发布一份行业研发规划蓝图，协调成百上千家芯片制造商、供应商跟着摩尔定律走。但现在，这种发展轨迹要告一段落了。2.5 节阅读思考分享了一篇文章“The Chips Are Down For Moore's Law”是 *Nature* 2016 年的一篇文章，探讨了半导体行业要“超越摩尔(More Than Moore)”的原因以及未来发展趋势。

2.1.4 计算机软件系统

计算机软件系统主要由系统软件和应用软件组成。系统软件紧靠硬件，是用户和计算机之间的第一界面，它与具体的应用领域无关。应用软件是满足用户不同领域、不同问题的应用需求的软件。计算机软件是计算机的灵魂，是计算机应用的关键。如果没有适应不同应用的计算机软件，人们就不可能将计算机广泛地应用于人类社会的生产、生活、科研、教育等几乎所有领域，计算机也只能是一具没有灵魂的躯壳。

1. 操作系统

计算机的操作系统平台用于管理计算机的资源和活动。作为客户机的计算机大都采用 Windows 操作系统。而服务器方面多采用 Unix 或者 Linux 操作系统，也有部分采用 Windows Server 操作系统。

2. 数据库管理软件

数据库管理软件也是一类非常重要的系统软件，它可以操纵和管理数据库，按照一定的结构和模型来存储、组织和管理数据。IBM 的 DB2 数据库、甲骨文公司的 Oracle 数据库、微软公司的 SQL Server 数据库、Sybase 的 Adaptive Server Enterprise 数据库占据了数据库市场的绝大部分份额。第 3 章将会详细介绍数据库管理的基本原理。

3. 应用软件

应用软件是满足用户不同领域、不同问题的应用需求的软件。一般常见的办公软件、视频软件、音乐软件、聊天工具等都属于应用软件。而面向企业业务的应用软件主要是满足企业一定的业务需求，比如 CRM 软件主要处理企业销售、市场、客户服务等领域的业务需求。目前世界上知名的企业应用软件提供商有 SAP、Oracle 等。

2.1.5 网络技术

网络是由若干节点和连接这些节点的链路组成。网络中的节点可以是计算机、集线器、交换机或者路由器等。网络和网络还可以通过路由器互联起来，构成一个覆盖范围更大的网络，即互联网。互联网是世界上最大的互联网络。

互联网的基础结构大体上经历了三个阶段的发展。

第一阶段是从单个网络 ARPANET 向互联网发展的过程。1969 年，美国国防部创建第一个分组交换网 ARPANET。1983 年，TCP/IP 协议成为 ARPANET 上的标准协议，使得所有使用 TCP/IP 协议的计算机都能利用互联网进行通信。1990 年，作为实验任务的 ARPANET 关闭。

第二阶段是建成了三级结构的互联网。1985 年起，美国国家科学基金会(National Science Foundation，NSF)建立了 NSFNET，这是一个三级计算机网络，三级分别为主干网、地区网和校园网(或企业网)。

第三阶段是逐渐形成了多层 ISP 结构的互联网。从 1993 年开始，由美国政府资助的 NSFNET 逐渐被若干个商用的互联网主干网替代，而政府不再负责互联网的运营。因此出现了一个新概念——互联网服务提供商(Internet Service Provider，ISP)。ISP 拥有从互联网管理机构申请到的多个 IP 地址，同时拥有通信线路以及路由器等联网设备，因此任何机构和个人只须向 ISP 缴纳费用，就可以从 ISP 得到所需的 IP 地址，并通过该 ISP 连接到互联网。从 1994 年开始，美国陆续创建了十几个网络接入点(Network Access Point，NAP)，NAP 算是最高等级的接入点，主要是向各 ISP 提供交换设施，使它们能够互相通信。因此，目前互联网逐渐演变成为基于 ISP 和 NAP 的多层次结构网络。

1. 计算机网络的类别

计算机网络有多种类别，根据作用范围不同，可以分为广域网、城域网和局域网。广域网(Wide Area Network，WAN)的作用范围通常为几十千米到几千千米，其任务是通过长距离运送主机所发送的数据。城域网(Metropolitan Area Network，MAN)的作用范围一般是一个城市，可跨越几个街区甚至整个城市，距离为 5～50 千米。局域网(Local Area Network，LAN)地理上局限在较小范围，往往一个办公室就可以拥有一个局域网，一个学校或者企业可以拥有许多互联的局域网。

2. 计算机网络的体系结构

计算机网络是个非常复杂的系统，为了设计这样复杂的系统，国际标准化组织 ISO 提出了一个试图使各种计算机在世界范围内互联成网的标准框架，即开放系统互联参考模型(Open Systems Interconnection Reference Model，OSI/RM)，定义了七层协议的体系结构。但目前得到最广泛应用的不是 OSI，而是 TCP/IP 体系结构，如图 2-3 所示。

TCP/IP(Transmission Control Protocol/Internet Protocol)体系结构是一个协议组，不仅包括TCP协议和IP协议，还有UDP协议、FTP协议、SMTP协议等。其中，IP协议是为计算机网络相互连接进行通信而设计的协议。在互联网中，它是能使连接到网上的所有计算机网络实现相互通信的一套规则，规定了计算机在互联网上进行通信时应当遵守的规则。IP地址是连入Internet网络的计算机的地址编号，具有唯一性。

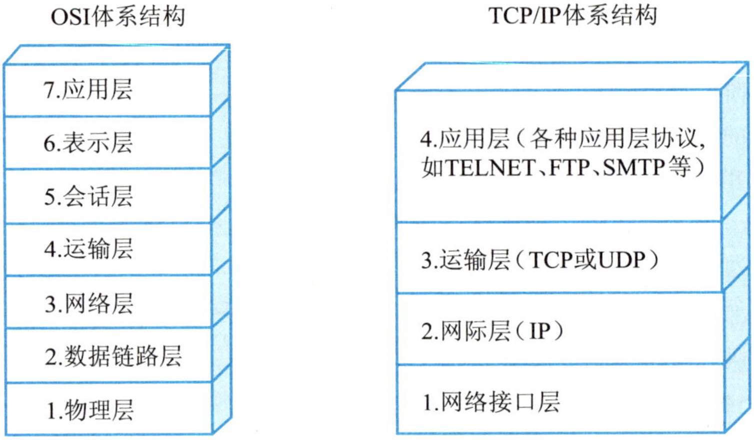

图2-3 计算机网络体系结构：OSI体系结构和TCP/IP体系结构

3. 互联网

互联网(Internet)是全世界最大的计算机网络，它是网络与网络之间相连形成的庞大网络。互联网提供的很多服务都采用C/S(Client/Server)模式，如DNS、万维网、Email、FTP、Telnet等。C/S模式是网络应用进程通信中最重要的交互方式，分为客户端和服务器端两大部分。客户端部分为每个用户所专有，而服务器端部分则由多个用户共享其信息与功能。客户端部分通常负责执行前台功能，如管理用户接口、数据处理和报告请求等；而服务器端部分执行后台服务，如管理共享外设、控制对共享数据库的操作等。这种体系结构由多台计算机构成，它们有机地结合在一起，协同完成整个系统的应用，从而达到系统中软、硬件资源最大限度的利用。

内部网(Intranet)是一个使用与互联网同样技术的计算机网络，它通常建立在一个企业或者组织的内部，并为其成员提供信息共享和交流等服务。使用者不仅可以在局域网内使用，也可以通过防火墙以及路由器从远程对企业内部网进行访问。外部网(Extranet)应用互联网与内部网的技术去服务一些对外的企业，包括特定的客户、供应商或生意上的伙伴。外部网可以看作是内部网的扩展和外延。使用者可以通过不同的技术对其进行访问，例如使用 IP 通道、VPN 或者专用拨号网络。

4. 物联网

物联网(Internet of Things，IoT)是 1999 年由麻省理工学院的 Kevin Ashton 教授所提出，2005 年 ITU 报告对物联网进行了更规范的描述。物联网，顾名思义，就是连接物品的网络，其实质是以互联网作为载体，将物品的信息进行互联和分享传递。按照 ITU 的描述，互联网是任何人在任何时间、任何地点的互联互通，而物联网的实现还要在此基础上加上任何物品的连接。物联网时代，物品之间的相互联系是在互联网的基础上进行延伸，其用户端已经不再局限于传统互联网人与物之间的联系，而是任何物品之间的信息交换和通信，物联网是将互联网技术与其他现代技术结合并进行应用扩展的时代产物。

物联网的关键技术包括 RFID 技术、传感器技术、嵌入式系统技术以及纳米技术。为了能够把日常用品和设备连接起来并导入大型数据库和网络中，需要简单易用并能有效识别物体的系统：RFID 技术能够收集和处理物体的数据；传感器技术能够探测到物体物理状态的变化；物体中的嵌入式系统像大脑一样控制着物体或者设备的操作，增强物联网的能力；而纳米技术的优势意味着体积越来越小的物体能够进行交互和连接。所有这些技术融合到一起，形成了物联网，将世界上的物体从感官上和智能上连接到一起。

2.1.6　自动识别技术和感测技术

自动识别技术应用一定的识别装置，通过被识别物品和识别装置之间的接近活动，自动地获取被识别物品的相关信息，并提供给后台的计算机处理系统来完成相关后续处理。传统的人工数据输入一般速度慢、误码率较高，而且人工输入劳动强度大、工作简单且重复性高。而自动识别技术效率高、可以彻底消除人为错误，而且可与企业的各种信息系统无缝衔接，解决了传统人工数据输入的上述问题，是现代企业信息系统中数据采集环节中的基础而重要方式之一。自动识别技术包括卡类识别技术、条码技术、射频识别技术(RFID)、生物识别、图像识别等。

传感器是一种检测装置，用于收集被监测系统的信息，因此传感器不仅用于现代测量和控制系统中，更是企业信息化建设中数据采集环节至关重要的基础设施。传感元件是传感器的核心，根据其基本感知可以分为热敏元件、光敏元件、气敏元件、力敏元件、磁敏元件、湿敏元件、声敏元件、放射线敏感元件、色敏元件和味敏元件十大类。

2.1.7 网络安全技术

计算机网络上的通信经常面临各种攻击，比如攻击者从网络上窃听他人的通信内容，中断他人的网络通信，甚至故意篡改网络上传送的报文，以及伪造消息在网络上传送。截获消息的攻击被称为被动攻击，而中断、篡改和伪造信息的攻击被称为主动攻击。还有一种特殊的主动攻击是恶意程序的攻击，比如计算机病毒(Virus)、蠕虫(Worm)、特洛伊木马(Trojan Horse)、逻辑炸弹(Logic Bomb)等。

对付被动攻击可采用各种数据加密技术，而对付主动攻击，则需要将加密技术与适当的鉴别技术相结合。

目前，数据加密技术主要有对称密钥密码体制和非对称密钥密码体制。对称密钥密码体制是一种加密密钥和解密密钥都相同的密码体制，比如DES算法。对称加密算法速度快，效率高，算法强度足够，其密码算法是公开的，安全性主要依赖于密钥。但对称密钥数量庞大，网络中 n 个用户之间通信需要 C_n^2 对密钥，因此难以管理，密钥的传输同样也存在信息安全问题。非对称密钥密码体制，又称公开密钥密码体制，需要采用两个在数学上相关的密钥对——公开密钥和私有密钥来对信息进行加密和解密，比如RSA算法。非对称加密算法免除了传递密钥的困扰，网络中 n 个用户之间通信仅需 n 对密钥，而且非对称加密算法可以实现数字签名，但非对称加密算法比较复杂，加密或解密速度慢，不适合用于大批量数据的加密。因此，对称加密算法和非对称加密算法经常联合使用。

数字签名是一种对数字信息进行鉴别的安全技术。数字签名是伴随着消息一起发送并与发送的消息有一定逻辑关联的数据项，借助数字签名可以确定消息的发送方，同时还可以确定消息自发出后未被修改过。数字签名一般采用发送方的私钥进行加密，由接收方用发送方公布的公钥进行解密。

防火墙是一种特殊编程的路由器，安装在内部网和外部网之间、专用网和公共网之间，目的是实施访问控制策略。防火墙既可以是硬件，也可以是软件。一般来说，企业经常会把防火墙放置于互联网和企业内部网络之间。适当配置防火墙可将安全风险降低到可接受的水平，但仅仅使用防火墙并不能完全得到企业所需要的保护。

2.2　案例分析：青岛赛轮的 IT 基础设施①

在青岛赛轮股份有限公司(以下简称“青岛赛轮”)的生产车间里，每天都有各种轮胎被生产出来。这些轮胎与人们日常见到的看上去并没有什么区别，但不同的是，它们的基因里带有浓浓的 IT(Information Technology)烙印。

1. 轮胎是如何 IT 化被生产出来的

在青岛赛轮依海而建的园区车间里，三三两两的工人在不同的生产线上安静地忙碌着。初冬的青岛，外面潮湿寒冷，而车间内十分温暖并弥漫着刺鼻的橡胶气味，机器在低沉地轰鸣，经常还传来“说话”声——它们在提示工人该如何操作以及所需的材料和采用的工艺。青岛赛轮对这些机器进行了一系列的工程改造，因为并不是所有机器都具有先天说话的能力。

即使是在最现代化的生产车间内，轮胎的“出生”也要经过多道工序，从零部件到成品，轮胎在巨大的生产车间内辗转几个生产线。

首先工人们需要将各种配料准备好，包括橡胶、炭黑、促进剂、防老剂、助剂等。

不同性能的轮胎，配料的比重各不相同。准备好的配料需要密炼，就像蒸馒头前的和面，各种原料被混合在一起，在密炼机里加工，生产出“胶料”。

然后是压延、裁断和成型等环节，胶片、钢丝和帘布等轮胎的骨架和血肉被预黏合在一起，胎圈等各种部件也被制造出来，并在成型机上组装成生胎。

下一步就是通过硫化增强生胎强度，使其成为成品。在把生胎放入蒸锅之前，工人需要扫描它们的条形码，如果不是这一工序的货物，条形码将无法识别，工序也无法进行。硫化机如同一个巨大的蒸锅，放入其中的轮胎被氮蒸汽扩张，又被蒸锅内压，10 分钟左右一锅轮胎就“蒸”好了。根据需求不同，不同的轮胎被设计出不同的花纹和字样，它们在硫化过程中通过模具被刻在轮胎上。轮胎“蒸”好后，每个轮胎都会被贴上系统打印好的新的条形码，然后被送入临时库房。

“新生”轮胎在临时库房被工人带走，送入检测环节。外观由人工检测，而均匀性和动平衡检测则需要依靠机器来完成。工人们手持 PDA，在轮胎检测完成后，扫描条形码，录入信息，合格产品被放到自动分拣线上，由机械手抓

① 参考《IT 经理世界》2012 年 12 月《轮胎里的 IT 基因》等进行撰写。

放到不同的区域，等待入库，然后销往各地；不合格的次品，进入循环回收工序。

整个过程中，所有零件和成品在厂房内都有着自己的库房区域。他们在入库时都会先被扫描条形码，工人通过电脑可以获知新生产出来的零件或产品的库位。同样，在零件或产品走向下一道工序时，系统也会根据生产时间等因素，智能选择哪些货物首先出库。

其实，在青岛赛轮，IT 贯穿了上述整个过程。通过对 ERP、MES、RFID、传感器、称重仪表、条码设备、生产设备、检测设备等各种软件、硬件基础设施的集成，青岛赛轮成为国内首家轮胎信息化生产示范基地。

2. IT 驱动的轮胎制造

中国是全球最大的轮胎制造、消费和出口国，在经历了低端制造、“贴牌生产”的初级发展阶段后，中国轮胎制造业正面临着上游原材料和下游整车厂的双重挤压。一方面，受制于天然橡胶价格波动剧烈，以及中国人力成本日渐上涨，利润空间大幅缩小；另一方面，全球前 10 大轮胎制造企业几乎都在中国设立了工厂，以更先进的技术和管理水平优势，跟中国本土轮胎品牌争夺市场。

诞生于 2002 年的中国本土轮胎品牌——青岛赛轮也面临着同样的竞争压力。相比其他几大中国民族轮胎品牌双星、三角、玲珑等，青岛赛轮进入行业的时间点较晚，但这也正是青岛赛轮的优势——从建厂之初就以信息化生产为主线，从轮胎研发、经营到生产，青岛赛轮将信息技术渗透到轮胎生产的全过程，集成生产计划和工艺控制管理，这些技术中不乏物联网、云计算、移动互联、BI 等热门技术。

轮胎属于一种安全产品，它的生产工序烦琐且环环相扣——从原料、配料、密炼、压延、裁断、成型、硫化到检测，形成了一个连续的过程。因此，任何一个环节出问题，都会影响到轮胎的质量。而轮胎的质量也很大程度上影响到它在市场上的竞争力。“难以驾驭产品质量，导致了我们和国际一流企业的很大差距”，青岛赛轮信息化领域负责人(CIO)、副总经理朱小兵说。青岛赛轮以生产管理为主线，制造监控为重点，产品信息管理为基础建设 IT 系统，实现了由离散性制造方式向协同和流程生产方式的转变，在提升生产效率的同时，也大大减少了生产过程中人为因素的干扰，更好地保证产品质量的稳定性和均一性，从而在产品品质上更具竞争力。

(1)生产和监控——ERP 和 MES

轮胎的生产属于离散性制造，工序多、关键点多、相对独立又相互制约、难于控制。青岛赛轮在将销售订单转化为生产订单，将生产订单转化为生产进度的系统设计中着实费了一番心思。

建设 ERP 和 MES 在制造企业非常普遍，企业主要依靠 ERP 对企业各种生产制造资源进行协同管理，通过 MES 对设备进行实时监控，模拟现场生产及检验设备，并进行动态控制和管理等。朱小兵 2003—2007 年上半年带领团队完成了整个 MES 项目。

青岛赛轮将销售订单数据通过 ERP 系统提交给生产计划中心，生产计划中心依靠 MES 系统，根据各环节零部件及产品的生产时间、库存情况和能耗情况等综合因素，计算每个环节每个工人工作周期内的工作量，然后将任务由系统下发到各生产线和班组。管理者能看到各生产线的实时工作进度。MES 系统使轮胎的生产实现了检测数据、生产数据、消耗数据等的自动采集和统计分析，并实现了对轮胎生产过程的可追溯管理。如果一个成品轮胎出现了问题，企业管理人员可以通过 MES 系统准确地分析出是哪个环节出现了问题。同时系统也可以帮助记录每个生产环节上每个工人的工作节拍。机器设备是可以不休息的，但工人的操作不能像机器一样稳定且无休，它们的操作时间是可变量。管理者通过系统采集和分析这些操作时间数据，就可以针对性地做出不同的生产决策。MES 系统上线后，原来青岛赛轮长期面临的因人员技能和素质参差不齐而造成的产品质量不稳定、设备事故、人身事故频发等问题也得到了解决。

IT 系统也为管理者们提供报表和决策支持。比如，此前车间主任去实地查看数百台硫化机的生产情况，一遍就至少要 2 小时。IT 系统使得每台硫化机的生产情况在计算机上一目了然，车间主任根据自动报警系统的提示，可以有针对性地查看相关设备运转状态。再比如，轮胎生产流程中生产计划经常会被调整。以前需要 40 分钟进行计划调整，现在也压缩到了 5 分钟以内。朱小兵说，这不仅仅是生产效率的提升，还使得机器重启时预热等环节减少，工艺流程实现了高度衔接。

朱小兵认为，MES 在青岛赛轮的四个主要功能是：控制执行标准工艺、下传控制管理信息、采集相关信息以及可追溯管理。它不仅可以保证企业运转过程得到合理监控与管理，也可以有效节省各生产环节的不必要成本。据青岛赛轮统计，MES 上线后，仅轮胎生产过程的第一道工序炼胶生产线就可以节省 80 万元。

(2)产品信息采集跟踪——RFID

如果没有收集到精准的产品信息，MES 系统就无法发挥最大优势。因此，青岛赛轮把信息化的触角延伸到轮胎本身，运用RFID技术让轮胎变得更加智能。面对信息化建设所需的巨大资金缺口，青岛赛轮通过让青岛软控技术股份有限公司(以下简称“青岛软控”)入股等方式，引入了RFID等系列物联网技术。

青岛赛轮拥有4 000多个品种的轮胎产品，每个品种的每一条轮胎都有唯一身份证号码，即胎内装的RFID标签，也叫“胎号”。在青岛软控的研发中心，技术人员用电子设备对轮胎进行扫描，轮胎中芯片就把记录在案的信息显示出来，比如轮胎的结构、材料以及每个生产环节中的重要信息。没有胎号的轮胎产品是不能出售的。当产品售出后发现有问题时，通过扫描胎号，也能迅速定位轮胎的生产批次，同批次产品还有多少，是否已售出，流向哪里等信息。层层溯源下，青岛赛轮能清晰看到这条轮胎是从哪台机器上下线的，由哪个操作员执行操作，甚至追查到最底层原材料来源批次，准确查找出产生质量问题的关键环节。

通过这小小的“身份证”，青岛赛轮打通了业务链条上所有的信息节点。若问题出在工作人员身上，HR系统采取相应处理；如果问题出在设备或原材料上时，则启动设备检修或原材料质量筛查。

朱小兵认为，RFID使轮胎全生命数据追溯更加可靠。流程式信息化系统自动记录轮胎制造全过程数据，使每条轮胎都拥有信息化数据档案，真正实现轮胎生产的全过程信息化追溯，将轮胎生产过程中的不确定因素排除，确保产品质量的均一性和质量的可追溯性，解决了传统生产模式采用人工或半人工记录存在的不准确、不完全、难追溯、难再现的弊病。

原材料和能源是轮胎生产中的主要成本来源，这两项成本合起来占到了青岛赛轮生产成本的86%以上。青岛赛轮上线能耗管理的物联网系统后，对500多个生产设备进行了改造，实现了能源采集和对能源设备、管线的监控。这个系统通过对企业全部能源消耗数据进行采集、分类、整理、查询、综合分析，将能源消耗量化分解到了每天、每个班组、每个机台，为计算生产成本及考核能源消耗提供了准确的数据。

思考

① 青岛赛轮在信息化过程中都进行了哪些IT基础设施建设？

② MES和ERP系统有何区别，帮助企业解决了什么问题？

③ 青岛赛轮为什么要采集跟踪产品信息？都采集了哪些产品信息？通过什么技术来跟踪采集产品信息？

④ 什么是 RFID 技术和传感器技术？在本案例中青岛赛轮如何应用这些技术？除了案例中的应用，试分析还有哪些领域可以应用这些技术。

⑤ 查找物联网相关资料，了解物联网的概念和发展，联系案例中的内容，分析理解物联网实现过程中的关键信息技术的作用。

2.3　案例分析：Netflix 的“云”架构①

2013 年圣诞假期，美国最大的流媒体服务商 Netflix 在美国、加拿大和南美一些地区发生服务中断。不过在一小时之后，Netflix 就排除了故障。Netflix 几乎在每年圣诞节都会遭遇这样的情况。当圣诞节万家团聚的时刻，家家户户都在播放电影、电视剧和娱乐节目。按照智能宽带网络解决方案供应商 Sandvine 的数据，Netflix 几乎占据了 1/3 的北美网络总流量。巨大的流量需求冲击着 Netflix 和它使用的云服务。对技术略知一二的人会很好奇，Netflix 的云端之旅是如何在这样的冲击下挺过来的。

Netflix 成立于 1997 年，最初的主要业务是通过网站提供大量 DVD 的目录，然后通过邮寄的方式提供给客户。2007 年，Netflix 已经有超过 630 万通过邮购服务获取 DVD 的用户。但当时，苹果、亚马逊、YouTube 等都已经开始在在线视频服务上布局，Netflix 深深感到即将天翻地覆的市场很快会将它们淹没。在巨大的危机感下，Netflix 决定开始向提供在线视频点播服务转型。

2008 年 8 月，Netflix 突然遭遇严重的数据库损坏事件，连续三天无法向成员用户寄送 DVD 光碟。Netflix 的 CEO Reed Hastings 对此触动颇大。他不断强调如果这些技术事故不是发生在邮寄业务上，而是发生在视频点播服务中，那 Netflix 会受到毁灭性的打击。

2009 年，经过审慎考虑和调研，Netflix 选择了将在线视频点播服务的基础架构建立在亚马逊的 AWS 云计算服务平台上，而不是自己设立数据中心。Netflix 在很多场合都解释过做出这个决策的原因：他们需要强大的运算能力，自建的数据中心很可能跟不上用户增长的步伐。

从 2009 年开始，Netflix 逐渐把 IT 系统迁移到亚马逊的 AWS 云平台。当时的亚马逊 AWS 部门刚刚成立 3 年。“我们相当于缴纳了‘先锋税’。”在 Net-

① 参考《第一财经周刊》2014 年 1 月 29 日的“Netflix 的另一面：如何成为一家‘靠谱’的技术公司？”和《21 世纪经济报道》2017 年 10 月 25 日的“云计算人工智能颠覆视频制作 科技巨头混战娱乐媒体业”进行撰写。

flix 负责云平台的 Ruslan Menshenberg 说。在当时，Netflix 大概是最大胆的一家开始大规模使用公有云的公司。

由于自建数据库和使用第三方云服务差别巨大，Netflix 技术人员需要学习和创造尝试很多新技术。比如测试系统稳定性时，云服务中技术人员显然无法像以前一样去“拔网线”，必须想其他的新办法。Netflix 将自己在 AWS 里的软件架构起名为“兰博”(电影《第一滴血》中的男主角)，希望借此强调每个单独系统都能具备独立成功运转的能力。他们在 AWS 上开发了一系列的工具，包括 Chaos Monkey、Chaos Kong 和 Latecy Monkey 等，形成声名远播的“猴子军团”，帮助他们实现 AWS 上系统的管理和维护。

历经七年之后，2016 年 1 月 Netflix 宣布完成了云端的迁移，关闭所有的自己的流媒体服务数据中心。Netflix 不仅仅在 AWS 云平台上提供了在线视频服务，同时还开发了自己的平台层服务和许多开源项目，大量程序员都是用他们发布的开源工具，意识到他们在技术领域的能力。这一做法使 Netflix 在云计算的生态系统中变得更为重要。

Netflix 认为云计算技术将使 IT 成为一种日用品类型的服务，公有云服务和开源的各种工具让 Netflix 在扩展能力和灵活性上受益匪浅。一方面，使用 AWS 让 Netflix 可以更加专注在更贴近业务的创新上，而不是把精力花费在底层数据中心的构建和运维上面；另一方面，AWS 云平台让 Netflix 能够快速推出新的产品和服务，加快创新速度，并从容应对各种访问量的变化，提升服务质量。

Netflix 的视频流量从 2009 年到 2013 年增长了约 100 倍，与传统模式相比，他们的视频流服务成本降低了 87%，充分利用了 AWS 云平台的弹性和规模效应。

思考

① Netflix 是在什么背景下决定采用云服务作为其基础架构的？

② Netflix 为什么选择使用云服务而不是自建数据中心？

③ 根据案例，Netflix 需要在亚马逊 AWS 云计算平台上进一步做哪些方面的工作？

2.4 设计性实验：我的商业创新构想的 IT 平台

在 1.6 节“设计性实验：提出一个基于互联网的创新性商业构想”的基础

上，根据你的初步构想，设计配置适合于你的业务构想的信息技术基础设施。你可以自行配置购买软、硬件和网络平台，自己维护管理服务器，也可以采用云计算模式。分析不同方式的优缺点，并根据你的业务需要，选择适当的方式。

如果决定完全自行配置、运作和管理信息技术基础设施，那么：

① 充分考虑业务的特点和需求(比如对于安全、色彩图形、声音、处理能力等方面的需求)，在互联网(可以去 Dell、联想、HP、Xerox 等的官方网站，也可以登录一些综合性 IT 网站)上寻找并选择合适的台式计算机、笔记本、服务器、打印机、网络基础设施(如路由器、集线器、防火墙)的配置和报价；

② 在互联网上寻找微软 Windows 操作系统、Office、安全软件的报价，并查找其他必要的应用软件的报价；

③ 对各种软件、硬件组合进行评估，为员工提供具有最佳性价比的计算机软、硬件组合；

④ 对网络接入的服务和费用进行调查，选择一个具体服务方案；

⑤ 调查网络管理工作的职责和薪酬，根据业务需求设置相应的网络管理工作岗位，并给出他们的工资报价；

⑥ 考虑自行运作信息技术基础设施是否还需要其他成本支出。

如果决定采用云计算模式，那么：

① 选择几家提供此类服务的服务提供商，通过衡量比较它们在成本、可靠性、安全性和客户服务方面的特点，并结合你的业务对云计算的需求，确定一个最好的服务公司以及你想要的具体服务形式；

② 除了服务器平台，你还要额外考虑是否还需要配置其他信息技术设施，通过互联网查找相关 IT 设施的信息和报价，以及人工成本。

实验步骤和要求

把你选择确定的方案整理成一份报告，报告内容需要包括以下几部分：

① 简述你的电子商务业务构想；

② 根据你的业务特点和需求，分析你进行 IT 配置的目标；

③ 分析你选择 IT 配置的思路：自行配置管理？云计算？

④ 详细阐述你的信息技术平台的具体方案和成本支出，包括产品详细规格、价格、数量和供应商信息等。

2.5 阅读思考：The Chips Are Down for Moore's Law

"The Chips Are Down For Moore's Law"是 *Nature*2016 年的一篇文章，探讨了半导体行业要"超越摩尔(More Than Moore)"的原因以及未来发展。

摩尔定律可以说是整个计算机行业最重要的定律，它其实是一个预言：每两年微处理器的晶体管数量都将加倍——意味着芯片的处理能力也加倍。这种指数级的增长，促使 20 世纪 70 年代的大型家庭计算机转化成 80、90 年代更先进的机器，然后又孕育出了高速度的互联网、智能手机和现在的车联网、智能冰箱和自动调温器等。

这个看起来自然而然的进程，实际很大程度上也是人类有意控制的结果，芯片制造商有意按照摩尔定律预测的轨迹发展：软件开发商新的软件产品日益挑战现有设备的芯片处理能力，消费者需要更新为配置更高的设备，设备制造商赶忙去生产可以满足处理要求的下一代芯片。20 世纪 90 年代以来，半导体行业每两年就会发布一份行业研发规划蓝图，协调成百上千家芯片制造商、供应商跟着摩尔定律走，这样的战略，有时也被称为"更多摩尔"(More Moore)，由于这份规划蓝图的存在，整个计算机行业才跟着摩尔定律按部就班地发展。

但现在，这种发展轨迹要告一段落了。由于同样小的空间里集成越来越多的硅电路，产生的热量也越来越大，这种原本两年处理能力加倍的速度已经慢慢下滑。此外，还有更多更大的问题也慢慢显现，如今顶级的芯片制造商的电路精度已经达到 14 纳米，比大多数病毒还要小。但是，全球半导体行业研发规划蓝图协会主席保罗·加尔吉尼(Paolo Gargini)表示："到 2020 年，以最快的发展速度来看，我们的芯片线路可以达到 2～3 纳米级别，然而在这个级别上只能容纳 10 个原子，这样的设备，还能叫作一个'设备'吗?"

恐怕不能。到了那样的级别，电子的行为将受限于量子的不确定性，晶体管将变得不可靠。在这样的前景下，尽管这方面已经有无数研究，但目前人们仍然无法找到可以替代如今的硅片技术的新的材料或技术。

2016 年 3 月发布的行业研究规划蓝图史无前例地不以摩尔定律为中心，相反，新的战略可能是"超越摩尔"(More than Moore)：与以往首先改善芯片、软件随后跟上的发展趋势不同，以后半导体行业的发展将首先看软件——从手机到超级电脑再到云端的数据中心——然后反过来看要支持软件和应用的运行需要什么处理能力的芯片来支持，由于新的计算设备变得越来越移动化，新的芯片中，可能会有新一代的传感器、电源管理电路和其他的硅设备。

这种局势的转变，也改变了半导体行业围绕摩尔定律的团结一致。“大家都不确定新的研究规划蓝图意味着什么”，爱荷华大学计算机科学家丹尼尔·里德(Daniel Reed)表示。位于华盛顿的半导体行业协会(The Semiconductor Industry Association，SIA)代表所有美国半导体企业，已经表示不再参与全球半导体行业研究规划蓝图的章程，而是自行决定研发进度。

尽管摩尔定律已经走向黄昏，但这并不意味着半导体行业停止了发展。丹尼尔·里德将之与飞机制造行业进行比较：“现在的波音 787 并不比 20 世纪 50 年代的波音 707 快多少——但这两个型号的飞机可差太多了，波音 787 的创新体现在其他地方，比如全电子控制、碳纤维机身等，计算机行业也是如此，创新将会继续，但是会体现在更细小和更复杂的地方。”

思考

① 全球半导体行业为什么要制作行业研发规划蓝图？

② 摩尔定律遇到了哪些挑战？目前有什么解决方法？

第 3 章　企业的数据存储与管理

数据是对现实世界的对象进行记录的符号，数据经过某种加工处理后就会变成对决策具有指导意义的信息。因此，数据存储与管理是企业信息系统管理的基础。因而数据库管理系统也是企业信息基础设施的重要组成部分，数据库的建立和管理是企业信息化建设的必要环节。但利用数据库对数据进行管理的前提，是要认识到数据的存在形式和利用价值，在万事万物皆可数据化的大数据时代这种洞察力非常重要。本章不仅介绍企业进行数据存储和管理的基本概念和方法，还会通过阅读思考培养读者对现实世界中各种数据及其开发价值的意识。

3.1　知识要点

3.1.1　计算机中的数据存储方式

计算机中数据存储用到如下一些数据描述的术语。

1. 位(bit)

计算机能处理的最小数据单位，一个二进制位称为“位”，只能取 0 或者 1。

2. 字节(Byte)

8 个二进制位成为一个字节，可表示一个字母、数字或者其他字符。

3. 字(Word)

若干个字节组成一个字，一个字所含的二进制位的位数称为字长。

4. 字段(Field)

一组字称为字段，如可以表示姓名、专业等，字段是可以命名的最小信息单位，也称为数据元。

5. 记录(Record)

相关字段的有序集合称为记录，通常一个记录描述一个实体，如一个学生的记录，可以由姓名、年级、专业等字段组成。

6. 文件(File)

相同类型的记录汇集成文件，如将所有学生的记录组成一个学生文件。

7. 数据库(Database)

一组相互有关联的文件组成一个数据库，比如学生、教师、课程等文件可以组成一个数据库。

3.1.2 计算机中的数据存储单位

计算机存储单位一般用 B、KB、MB、GB、TB、PB、EB、ZB、YB、BB 来表示，其中

B 是指字节 Byte，是最常用的单位，1 KB(Kilobyte，千字节)=1 024 B；

1 MB(Megabyte)=1 024 KB；

1 GB(Gigabyte)=1 024 MB；

1 TB(Trillionbyte)=1 024 GB；

1 PB(Petabyte)=1 024 TB；

1 EB(Exabyte)=1 024 PB；

1 ZB(Zettabyte)=1 024 EB；

1 YB(Yottabyte)=1 024 ZB；

1 BB(Brontobyte)=1 024 YB。

注意，此处的“B”指的是“字节(Byte)”，而不是“位(bit)”。通常我们在缩写成“b”的时候，用大写和小写来区分 Byte 和 bit，即“B”代表“Byte”，“b”代表“bit”。比如，bps 是网络传输速度单位，指的是 bit per second，也就是每秒传输的位数，我们常说的 56K 拨号上网、100M 局域网都是以 bps 计量的。

3.1.3 数据库

数据库作为信息处理最先进的技术和最有效的工具，是整个社会信息资源开发利用的基础，各行各业均需要应用信息系统，而数据库是信息系统的核心。

数据库(Database)是按一定的数据模型组织、描述和存储在计算机内的、有组织的、可共享的数据集合。数据库结构的基础是数据模型。数据模型是用来描述数据、数据间联系、数据语义和数据约束的概念工具的集合。按照数据模型的特点，可将数据库系统分为网状数据库、层次数据库和关系型数据库。当今大量的数据库都是关系型数据库。

关系型数据库中，一个二维表对应着一个关系。二维表中的一行，在关系

型数据库中通常称为一条记录，二维表中的列称为字段，用来表示不同的属性。主键是唯一标识一条记录的一个字段或者一组字段。

关系有三种类型，分别是基本关系，即客观存在的基本表；查询表，是由基本表按一定条件检索得到的结果；以及视图(View)，即从一个或多个基本关系上导出的关系。视图不对应实际的存储数据，是一个虚关系，但可永久存在。

关系的操作包括数据的查询和更新两类。查询操作用于各种检索，主要有传统的集合运算，如并、交、差、除，以及专门的关系运算选择、连接和投影；更新操作用于插入、删除和修改等操作。

结构化查询语言(Structured Query Language，SQL)是一种数据库查询和程序设计语言，用于存取数据以及查询、更新和管理关系数据库系统。SQL语言是一种高度非过程化的语言，只要求用户指出做什么而不需要指出怎么做。

3.1.4 数据库管理系统

数据库管理系统(Database Management System，DBMS)是操纵和管理数据库的软件，负责建立、使用和维护数据库。数据库管理系统是应用程序与数据文件之间的接口，用户通过DBMS访问数据库中的数据，数据库管理员也通过DBMS进行数据库的维护工作。

目前广泛使用的数据库管理系统有微软公司开发的Access、SQL Server，甲骨文公司开发的Oracle，Sybase公司开发的Sybase，IBM公司开发的DB2等。有的开发工具为了方便用户，在提供编程环境的同时，还提供小型的数据库管理系统，例如Sybase公司的PowerBuilder自带有Adaptive Server Anywhere(ASA)。

3.1.5 大数据

大数据的概念目前还没有最权威的获得一致认可的定义，但大家普遍认为大数据具有海量的数据规模(Volume)、高增长速度(Velocity)、多样化的数据类型(Variety)、较低的价值密度(Value)等特征。

因此，对于大数据的存储、管理、分析往往超出了传统关系型数据库软件工具的能力范围。适用于大数据的技术，包括大规模并行处理(Massively Parallel Processing，MPP)数据库、数据挖掘、分布式文件系统、分布式数据库、云计算平台、互联网和可扩展的存储系统等。

3.2　基础技能实验：应用 Access 2016 进行简单的数据存储与管理

Access 属于 Microsoft Office 套件，是目前比较流行的小型桌面数据库管理系统，通常用于小型网站的设计开发。它适用于小型企业、学校、个人等用户，可以通过多种方式实现对数据的操作，如收集、分类、筛选处理、提供用户查询或打印报表等，还可以通过 Internet 发布。一些专业的应用程序开发人员使用 Access 作为快速应用开发的工具。Access 简单易学，一个普通的计算机用户即可掌握并使用它。最重要的是，Access 的功能足够强大，足以应付一般的数据管理及处理需要。

本实验以 Access 2016 为实验软件。通过此实验，我们能够了解 Access 数据库管理系统的环境以及数据存储与管理的基本方式，掌握 Access 数据库管理系统中表的设计、关系的设置以及简单查询功能，了解 Access 数据库系统中报表和窗体的功能和简单设计等，掌握根据实际应用情景进行初步数据库设计的能力。

3.2.1　通过罗斯文示例数据库了解 Access 的数据存储和管理

1. Access 2016 的启动和退出

计算机安装了 Microsoft Access 2016 后，选择 Windows 操作系统的“开始”菜单，找到 Access 2016，单击启动 Access 2016。退出 Access 2016，单击右上角的关闭按钮即可。

2. 打开罗斯文示例数据库，了解其前台功能

“罗斯文贸易公司示例数据库”是 Access 自带的示例数据库，也是一个很好的学习教程。通过“罗斯文贸易公司示例”数据库，我们可以认识一个典型的、简单的信息系统所具备的主要功能和数据库结构，能对数据库的表、关系、查询、报表、窗体、切换面板等内容有一个全面的了解。

数据库开发是对企业的管理思路和业务流程的一种概括和体现。因此在数据库开发之前，一定要对整个业务有清晰的了解。罗斯文贸易公司是一个虚构的商贸公司，该公司进行世界范围内的食品采购与销售，赚取中间的差价。罗斯文贸易公司销售的食品分为几大类，每类食品又细分出各类具体的食品。这些食品由多个供应商提供，然后再由销售人员销售给客户。销售时需要填写订

单，并由货运公司将产品运送给客户。

启动 Microsoft Access 2016 后，打开“罗斯文贸易公司”示例数据库(可自行获取或者通过本教材的电子资源获取)，如图 3-1 所示。

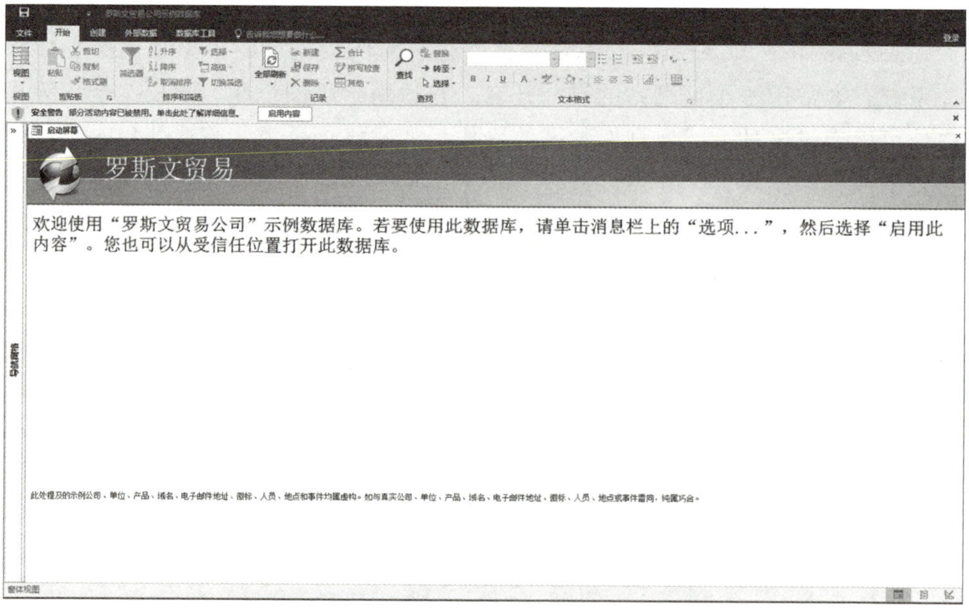

图 3-1 “罗斯文贸易公司”示例数据库启动界面

按照图 3-1 启动界面中的说明，单击消息栏上的“启用内容”按钮。在图 3-2 的登录对话框中，选择不同的员工进行登录。图 3-3 为当前用户为“王伟”的罗斯文贸易主页。

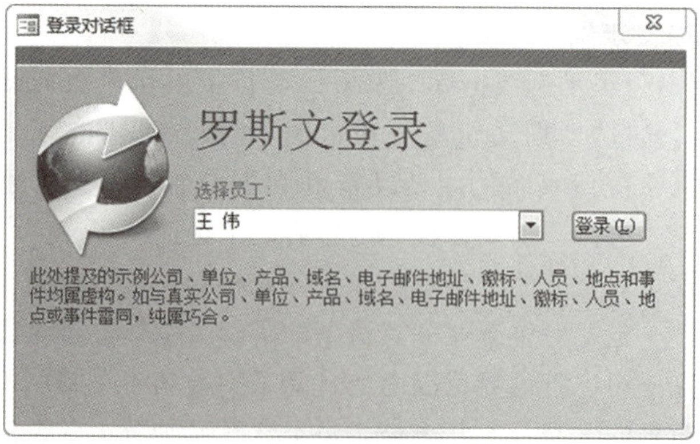

图 3-2 登录对话框

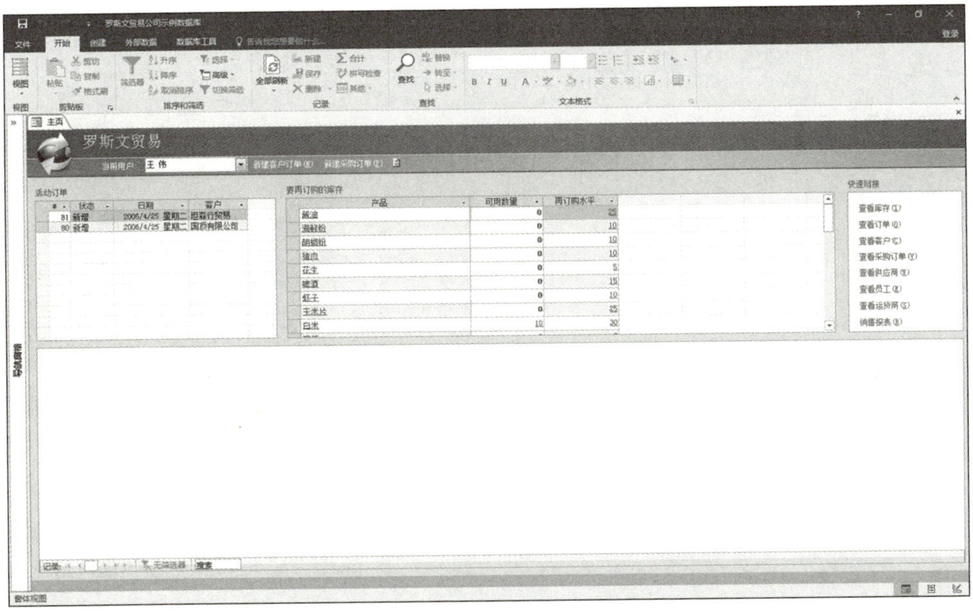

图 3-3　当前用户为“王伟”的罗斯文贸易主页

尝试在图 3-3 操作界面中切换不同的员工，观察界面的变化。单击“新建客户订单”和“新建采购订单”按钮，体会这两项功能。单击界面右侧“快速链接”中的各种设置，可以查看库存、订单、客户等各种信息。

3. 查看罗斯文示例数据库中表的设计和关系

单击图 3-3 操作界面左侧的“导航窗格”，即可在操作界面左侧看到分类导航，包括客户与订单、库存与采购、供应商、运货商、报表、员工、支持对象和未分配对象等几个大类。

单击“罗斯文贸易”右侧的按钮，在弹出的下拉列表中选择“对象类型”，即可看到 Access 所有对象，包括表、查询、窗体、报表、宏和模块六类。其中，表用图标表示，查询用图标表示，窗体用图标表示，报表用图标表示。

表组下面共包含 20 个不同的表。双击某一具体表，可打开如图 3-4 所示的“产品”表。

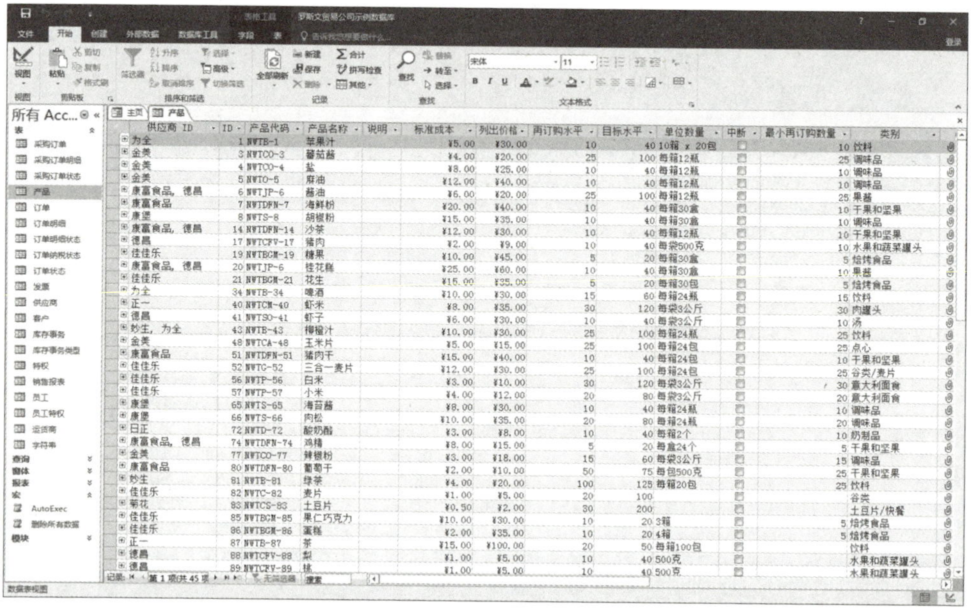

图 3-4 “产品”表

数据库表在外观上与电子表格相似，因为两者都是以行和列存储数据，因而通常可以很容易将电子表格导入数据库表中。将数据存储在电子表格中与存储在数据库中的主要区别在于数据的组织方式不同。为了从数据库中获得最大的灵活性，需要将数据组织到表中，这样就不会发生冗余。例如，在存储有关雇员的信息时，每位雇员的信息只须在专门设置为保存雇员数据的表中输入一次。有关产品的数据将存储在其专用表中，有关分支机构的数据将存储在另外的表中。

表中的每一行称为一条记录。记录用来存储各条信息。每一条记录包含一个或多个字段。字段对应表中的列。例如，你可能有一个名为“雇员”的表，其中的每一条记录(行)都包含有关不同雇员的信息，每一字段(列)都包含不同类型的信息(如名字、姓氏和地址等)。必须将字段指定为某一数据类型，可以是文本、日期或时间、数字或其他类型。

如图 3-5 所示，在操作界面中单击“开始”→“视图”→“设计视图”按钮，进入表的设计视图，如图 3-6 所示。单击“开始”→“视图”→“数据表视图”按钮，即可在设计视图和数据表视图之间切换。重点掌握主键的选择与设置、数据类型、字段属性的设置与应用。

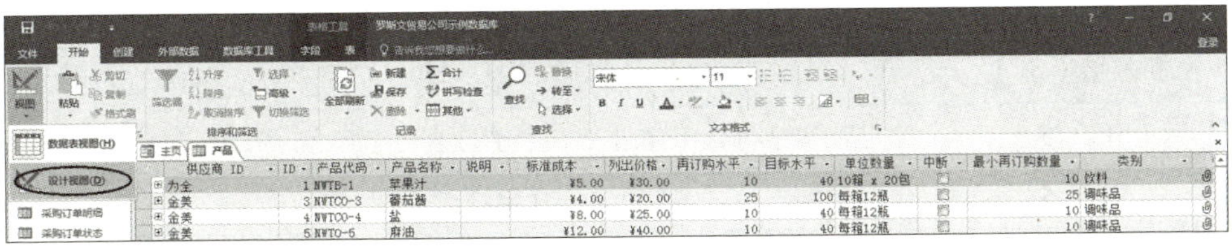

图 3-5　进入表的设计视图

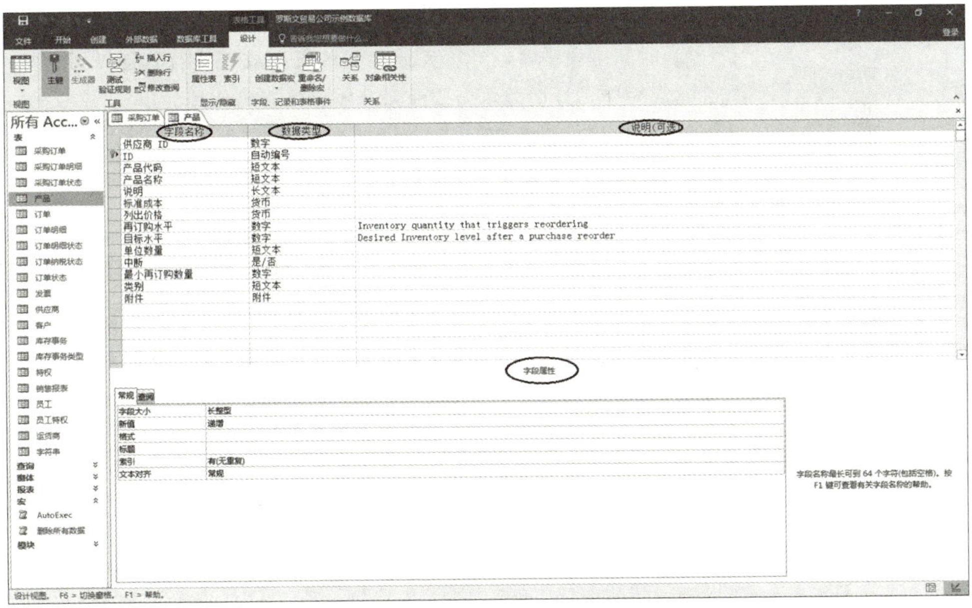

图 3-6　“产品”表的设计视图

主键是表中能够唯一定义一条记录的一个字段或一组字段。打开“订单明细”表的设计视图，可以发现表的主键是数据类型为自动编号的“ID”。其实，如果不设立此字段，可以采用“订单 ID”和“产品 ID”联合起来作为主键。也就是说，同一份订单中有多种产品，而每一种产品可能会出现在不同的订单中，只有“订单 ID”和“产品 ID”同时确定的记录才是唯一的。设置多字段主键时，须先选中多个字段，然后单击图 3-6 操作界面上的“设计”→“主键”按钮。

数据类型主要有文本、备注、数字、日期/时间、货币、自动编号、是/否、OLE 对象、超链接和查阅向导，具体说明如表 3-1 所示。

表 3-1 数据类型及其说明

数据类型	说 明
短文本	字母数字字符，不超过 255 个字符或更少
长文本	字母数字字符，不超过 1 GB 字符或更少
数字	用于存储要在计算中使用的数字，货币值除外(货币值数据类型使用“货币”)
日期/时间	用于存储日期/时间值，如出生日期、发货日期等。当日期存储在日期/时间字段中时，计算日期之间的天数或者执行其他日历计算会非常简单。日期型数据要注意分隔符的正确使用。以“-”或“/”分隔年月日，如“2008-05-11”
货币	用于存储货币值(货币)
自动编号	添加记录时 Access 自动插入的一个唯一的数值，用于生成可用作主键的唯一值。自动编号字段可以按顺序增加指定的增量，也可以随机选择
是/否	用于包含两个可能的值(例如，“是/否”或“真/假”)之一的逻辑值字段
OLE 对象	用于存储其他 Microsoft Windows 应用程序中的 OLE 对象，比如 Word 文档、Excel 电子表格等，最大为 1 GB
超链接	用于存储超链接
附件	可以把外部文件附加到 Access 数据库中
查阅向导	用于启动“查阅向导”，使用户可以创建一个使用组合框在其他表、查询或值列表中查阅值的字段

字段属性是指字段拥有的一些特点，不同数据类型字段的属性也不尽相同。常用的属性如表 3-2 所示。

表 3-2 常用的字段属性及其说明

字段属性	说 明
字段大小	当适用于短文本字段时，会将字段大小限制为指定的字符数(1～255)。默认值为 255
新值	适用于自动编号字段，可设置为“递增”或“随机”类型

续表

字段属性	说　明
格式	自定义显示或打印时字段的显示方式，所看到的并不一定就是表中所存储的。仅影响值的显示方式，不影响值本身或者值在数据库中的存储方式
输入掩码	决定了数据输入和保存的方式，适用于数字和文本数据类型。比如可以用“000000000000000999”来作为身份证的输入掩码，既可以输入15位数字，也可以输入18位数字，这里的0和9都是输入掩码的常用控制字符，0代表必选的数字项，9代表可选的数字和空格
小数位数	指定货币以及单精度、双精度和小数数据类型的小数位数
标题	窗体和报表字段的可选标签。在窗体或报表上创建控件时，Access使用“标题”属性而不是字段名称
默认值	添加新记录时为字段自动指定默认值
验证规则	确保输入到字段中的数据符合某些业务规则，比如“日期必须在1950年1月1日之后”“小于0”等。如不符合则发出警告，不接受录入值
验证文本	数据验证失败时显示的信息
必需	指定是否必须向字段中输入值
允许空字符串	允许在短文本或者长文本字段中输入空字符串("")，通过设置为“是”
索引	通过创建和使用索引来加速对此字段中数据的访问
Unicode压缩	用于多语言应用程序。需要的数据存储空间会增加约一倍，但可以确保无论用什么语言或符号，包括Access报表在内的Office文档都可以正确显示
输入法模式	控制Windows中的字符转换
输入法语句模式	指定可以使用输入法编辑器输入的数据类型

单击“数据库工具”→“关系”按钮，进入关系界面，如图3-7所示(说明：为了清晰展示，图3-7里面的表经过拖拽布局调整，不是初始打开的样子)。在关系连接线上双击，或右击选择编辑关系，可以查看已经建立的关系，或者进行修改；如果需要删除，直接选中删除即可。

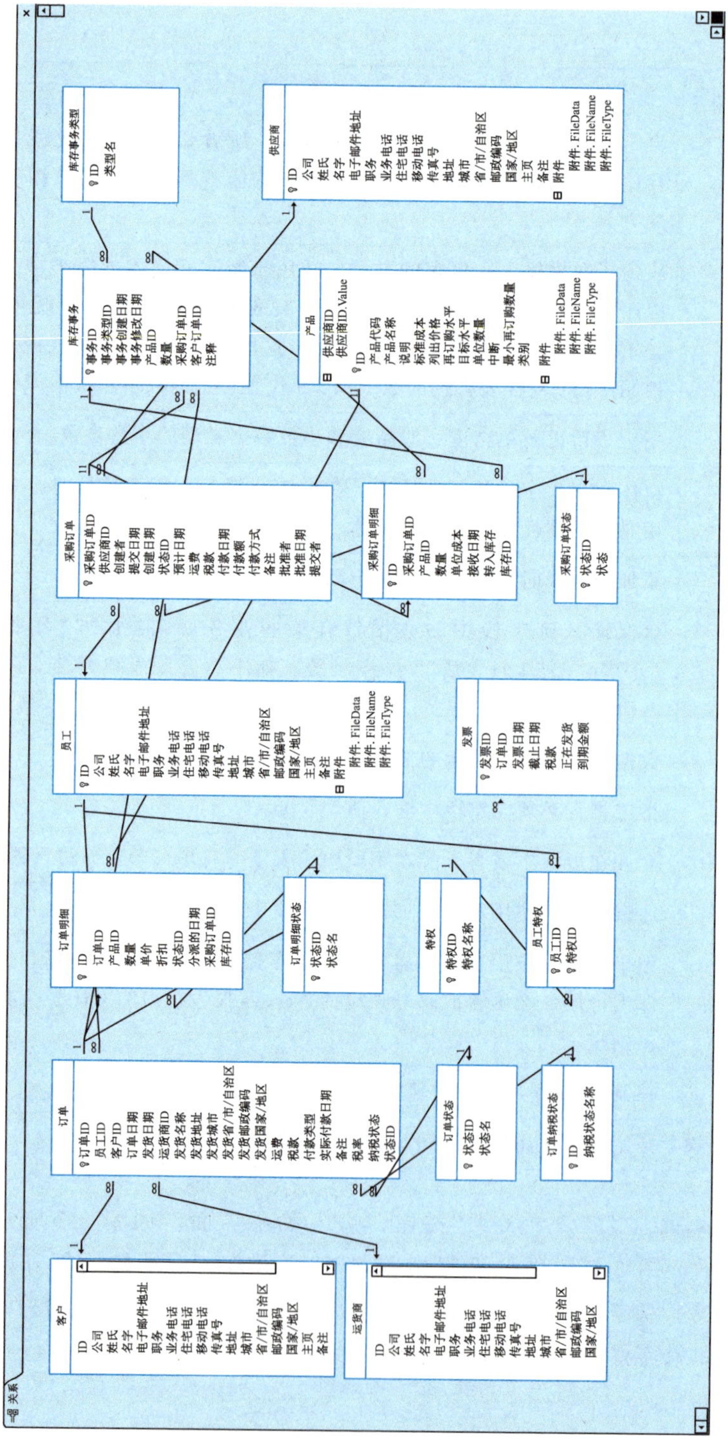
关系
库存事务类型
ID
类型名
供应商
ID
公司
姓氏
名字
电子邮件地址
职务
业务电话
住宅电话
移动电话
传真号
地址
城市
省/市/自治区
邮政编码
国家/地区
主页
备注
附件
附件.FileData
附件.FileName
附件.FileType
库存事务
事务ID
事务类型ID
事务创建日期
事务修改日期
产品ID
数量
采购订单ID
客户订单ID
注释
产品
供应商ID
供应商ID.Value
ID
产品代码
产品名称
说明
标准成本
列出价格
再订购水平
目标水平
单位数量
中断
最小再订购数量
类别
附件
附件.FileData
附件.FileName
附件.FileType
采购订单
采购订单ID
供应商ID
创建者
提交日期
创建日期
状态ID
预计日期
运费
税款
付款日期
付款额
付款方式
备注
批准者
批准日期
提交者
采购订单明细
ID
采购订单ID
产品ID
数量
单位成本
接收日期
转入库存
库存ID
采购订单状态
状态ID
状态
员工
ID
公司
姓氏
名字
电子邮件地址
职务
业务电话
住宅电话
移动电话
传真号
地址
城市
省/市/自治区
邮政编码
国家/地区
主页
备注
附件
附件.FileData
附件.FileName
附件.FileType
发票
发票ID
订单ID
发票日期
截止日期
税款
正在发货
到期金额
订单明细
ID
订单ID
产品ID
数量
单价
折扣
状态ID
分派的日期
采购订单ID
库存ID
订单明细状态
状态ID
状态名
特权
特权ID
特权名称
员工特权
员工ID
特权ID
订单
订单ID
员工ID
客户ID
订单日期
发货日期
运货商ID
发货名称
发货地址
发货城市
发货省/市/自治区
发货邮政编码
发货国家/地区
运费
税款
付款类型
实际付款日期
备注
税率
纳税状态
状态ID
订单状态
状态ID
状态名
订单纳税状态
ID
纳税状态名称
客户
ID
公司
姓氏
名字
电子邮件地址
职务
业务电话
住宅电话
移动电话
传真号
地址
城市
省/市/自治区
邮政编码
国家/地区
主页
备注
运货商
ID
公司
姓氏
名字
电子邮件地址
职务
业务电话
住宅电话
移动电话
传真号
地址
城市
省/市/自治区
邮政编码
国家/地区

图3-7 关系界面

Access 数据库是关系型数据库，与其他的关系型数据库一样，也具有三种常用关系：一对一关系、一对多关系和多对多关系。

一对一关系是指两个表之间的记录是一一对应的关系，这种关系用的比较少。

一对多关系，是指 A 表中的一条记录，可以与 B 表中的多条记录相对应。如“类别”表中的“类别 ID”与“产品”表中的“类别 ID”就是一对多的关系，一个类别对应多个产品。

多对多关系是指 A 表中的一条记录，可以与 B 表中的多条记录相对应，同时，B 表中的一条记录也可以与 A 表中的多条记录相对应。建立多对多关系时，需要一个中间表，通过中间表同时与两个表 A、B 之间产生一对多的关系，从而实现 A 与 B 之间的多对多关系。如“订单”表与“产品”表就是多对多的关系，一份订单中有多种产品，一种产品会同时出现在多份订单上，中间表就是“订单明细”表。

建立了一对多关系的表之间，一方中的表叫“主表”，多方中的表叫“子表”；两表中相关联的字段，在主表中叫“主键”，在子表中称“外键”。

在建立了关系之后，打开表时，会发现最左侧多了一列，单击“+”号，可以展开另一个数据表，这就是主表中关联的子表。如果子表中还有对应于它的子表，则还可以进一步一层层地展开。这种关系应用在窗体中便是主子窗体。

关系的另一个重要的功能便是能保持各个表数据之间的完整性。选择某一关系，打开关系编辑窗口。其中：

“实施参照完整性”是指不能在相关表的外键字段中输入不存于主键中的值，比如在“订单明细”表中不能录入“订单”表中不存在的“订单 ID”。

“级联更新相关字段”是指主表中的主键修改，子表中的相关字段会自动更改。如果主键是“自动编号”字段，那么选中“级联更新相关字段”复选框将不起作用，因为你无法更改“自动编号”字段中的值。

“级联删除相关记录”是指在主表中删除记录时会把相关子表的数据也一起删除，避免出现数据混乱。如在“订单”表中删除每个“订单 ID”的记录时，“订单明细”表中所有有关“订单 ID”的记录也会一起删除。

4. 了解查询、窗体、报表等

查询是数据库中应用最多的部件，可执行很多不同的功能。最常用的功能是从表中检索特定数据。如果要查看的数据分布在多个表中，通过查询就可以在一张数据表中查看这些数据。而且，由于通常不需要一次看到所有的记录，因此可以使用查询添加一些条件以将数据“筛选”为所需记录。查询通常可作为窗体和报表的记录源。

单击“导航窗格”中的查询组，可以看到罗斯文示例数据库已经建立的查询。双击进入某一具体查询，可以看到查询的数据表视图。单击操作界面中的“开始”→“视图”→“设计视图”按钮，进入查询的设计视图。设计视图分为上下两个窗口，上面显示查询中要用到的数据源来自哪些表或查询，下面列出的是查询结果中需要用到的字段、该字段来自哪个表、哪个字段需要设置排序方式、是否需要显示该字段以及查询条件等。很多查询只须查询出满足条件的记录，并不需要全部的记录，这样就需要在“条件”中输入条件，一般用表达式来表示。学习实践表达式的表示方法。

窗体也被称为“数据输入屏幕”。窗体是用来处理数据的界面，而且通常包含一些可执行各种命令的命令按钮。我们可以直接操作表来编辑数据，也可以通过窗体来查看、输入和编辑表中的数据。窗体提供了一种简单易用的处理数据的格式，用户还可以向窗体中添加一些功能元素，如命令按钮。用户可以对按钮进行编程来确定在窗体中显示哪些数据、打开其他窗体或报表，或者执行其他各种任务。例如，可能有一个可用于处理客户数据的称为“客户窗体”的窗体。该客户窗体中可能包含一个可以打开一个订单窗体的按钮，用户可在该订单窗体中输入客户的新订单。使用窗体还可以控制其他用户与数据库数据之间的交互方式。例如，用户可以创建一个只显示特定字段且只允许执行特定操作的窗体，这有助于保护数据并确保输入的数据正确。

单击“导航窗格”中的窗体组，可以看到罗斯文示例数据库中已经建立的窗体。单击“开始”→“视图”→“设计视图”按钮，进入窗体的设计视图。我们在图3-1、图3-2、图3-3中看到的界面都是通过窗体来实现的。

报表可用来汇总和显示表中的数据。一个报表通常可以回答一个特定问题，例如“今年我们从每位客户那里收到了多少钱?”或者“我们的客户分布在哪些城市?”我们可以为每个报表设置格式，从而以最容易阅读的方式来显示信息。报表可在任何时候运行，而且将始终反映数据库中的当前数据。通常将报表的格式设置为适合打印的格式，但是报表也可以在屏幕进行查看，导出到其他程序或者以电子邮件的形式发送。

单击“导航窗格”中的报表组，可以看到罗斯文示例数据库中已经建立的报表。单击操作界面中的“开始”→“视图”→“设计视图”按钮，进入报表的设计视图。报表由控件和节组成，节又可分为主体节与页眉、页脚节。页眉页脚根据对象的不同，可细分为报表页眉页脚、页面页眉页脚、组页眉页脚。如果有多个分组，则按照分组级别进行嵌套。主体节是报表的核心部分，凡是希望按顺序列出的数据，都应以控件形式放在主体中，一般用得最多的控件便是文本框了。而如果希望作为标题、分类依据、汇总信息等，则应该以控件的形式安排页眉或页脚。不同的页眉、页脚的控制范围不同。报表页眉是指在整个报表的开头出现一次，报表页脚则是指在整个报表的末尾出现一次。报表有很多页，每个页面的最上面与最下面出现的便是页面页眉与页面页脚。组页眉页脚的作用范围，只在自己分组的范围内。如果按部门分组，会有好几个部门，那么在部门页眉页脚中设置的内容，在每个部门的分组页眉与页脚中都会重复出现。

3.2.2　应用 Access 2016 建立简单的学生选课数据库

下面我们根据情景描述建立一个简单的数据库，实际操作一下表和查询的创建。某学校教务要对各班级的学生选修各门课程的情况进行数据库管理。假设一个行政班级可以有多个学生，但一个学生只能从属于一个行政班级。一个学生可以选多门课程，一门课程可以被多个学生选修。具体关于班级、学生、课程等的描述属性参见表 3-3～表 3-6。这是一个非常简单的情景描述，里面的假设也是为了方便初学者分析和建立数据库。实际上，学校教务系统所涉及的表、属性、关系会远比这个例子复杂。

1. 创建空白数据库 studentdatabase

启动 Access 2016 后，双击“空白桌面数据库”按钮，弹出如图 3-8 所示对话框。在“文件名”文本框里输入“studentdatabase”，选择好数据库存储的位置后，单击“创建”按钮，完成空白数据库的创建工作。

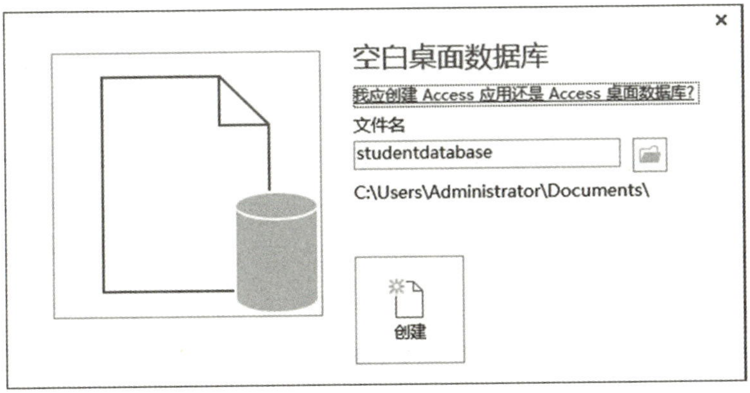

图 3-8　创建空白桌面数据库

Access 操作界面将会自动出现一个新的空白数据表，如图 3-9 所示，接下来需要进行进一步的设计。

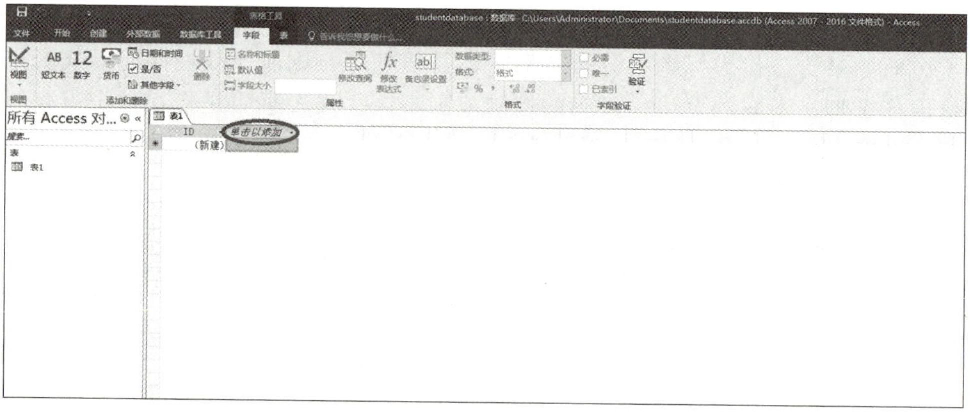

图 3-9　新创建的 studentdatabase 数据库中的空白数据表

2. 设置表的结构

表的设计可以在数据表视图，即图 3-9 所示的界面中，通过单击“单击以添加”按钮来增加字段，也可以通过设计视图来进行更加详细的设计。单击图 3-9 操作界面中的“开始”→“视图”→“设计视图”按钮，在弹出的“另存为”对话框中将文件命名为“student”，单击“确定”按钮后，出现如图 3-10 所示的设计视图。

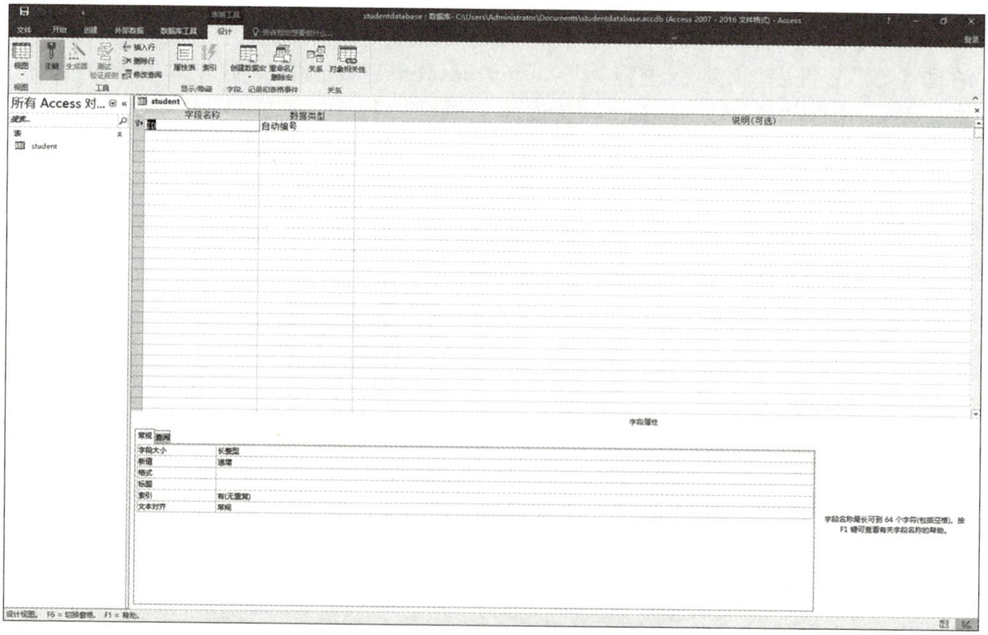

图 3-10　student 表的设计视图

根据表 3-3 中给出的结构设计，在 student 表的设计视图中对字段名称和数据类型进行设置，并设置主键。

表 3-3　student 表的结构

字段名称	数据类型	字段名称	数据类型
学号(主键)	短文本	籍贯	短文本
姓名	短文本	班级编号	短文本
性别	查阅向导	贷款否	是/否
出生日期	日期/时间	简历	长文本
入学成绩	数字	照片	附件
民族	短文本		

类似上述操作步骤，按照表 3-4、表 3-5 和表 3-6 中的内容，在 studentdatabase 数据库中加入 class 表、course 表和 study 表，并设置相应的字段、数据类型和主键，注意 study 表中的双主键的设置。

表 3-4　class 表的结构

字段名称	数据类型	字段名称	数据类型
班级编号(主键)	短文本	年级	短文本
学院	短文本	人数	数字
专业	短文本	班主任	短文本

表 3-5　course 表的结构

字段名称	数据类型	字段名称	数据类型
课程编号(主键)	短文本	学时	数字
课程名称	短文本	课程简介	长文本
学分	数字		

表 3-6　study 表的结构

字段名称	数据类型	字段名称	数据类型
学号(主键)	短文本	成绩	数字
课程编号(主键)	短文本		

3. 建立关系

建立完成上述四个表格之后，关闭所有的数据表，然后设置数据表之间的关系。

单击“数据库工具”→“关系”按钮，弹出如图 3-11 所示的“显示表”对话框，选择所有四个表并单击“添加”按钮。这时，四个数据表都已添加到关系标签页的操作界面上，可在界面上任意拖表，以改变位置。

通过分析，可以建立 class 表和 student 表的一对多关系、student 表与 study 表的一对多关系、course 表与 study 表的一对多关系。下面以 class 表与 student 表的一对多关系说明关系的编辑过程。在关系窗口中，将 class 表的班级编号拖动到 student 表的班级编号上，弹出“编辑关系”对话框，如图 3-12 所示。

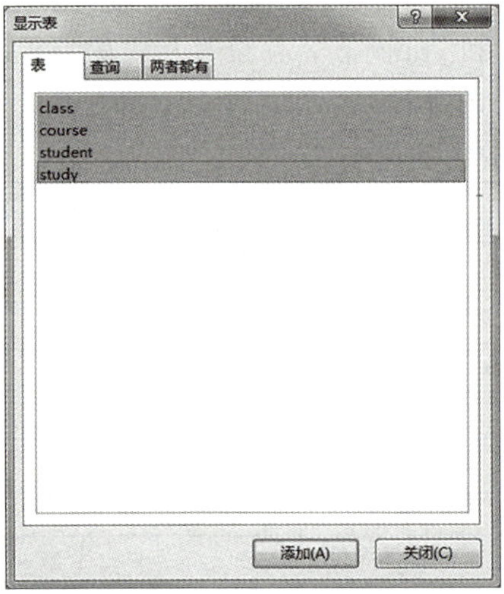

图 3-11　在“显示表”对话框中添加表

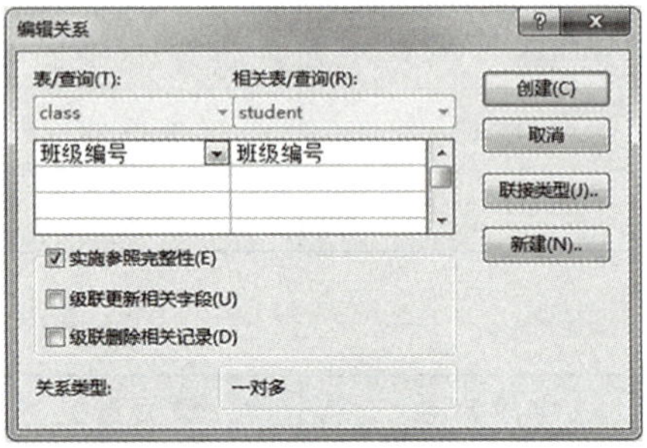

图 3-12　“编辑关系”对话框

选择“实施参照完整性”并单击“创建”按钮，这样就会在 class 表和 student 表之间有一根连线，并标明一对多的关系。同样办法可以建立 student 表和 study 表之间的关系、course 表和 study 表之间的关系，最终如图 3-13 所示。

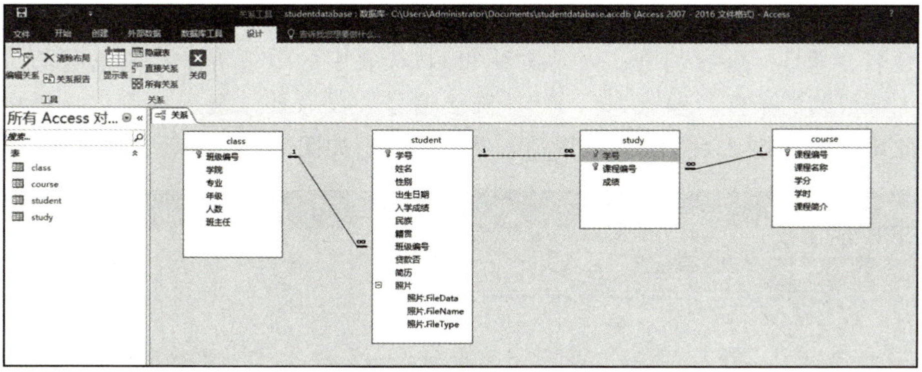

图 3-13　表之间的关系

4. 数据录入

在上述四个表格中录入相应的数据，注意体会参照完整性的含义。

5. 创建查询

查询的创建有很多种办法，每个办法都有各自的适用性。在此我们仅以简单例子介绍如何使用查询设计器来创建查询。比如，查找入学成绩大于 600 分的学生姓名、学号、专业、入学成绩等信息。

单击“创建”→“查询设计”按钮，在弹出的“显示表”对话框中选择“student”表和“class”表，单击“添加”按钮后，再单击“关闭”按钮关闭显示表对话框，得到如图 3-14 所示查询设计操作界面。

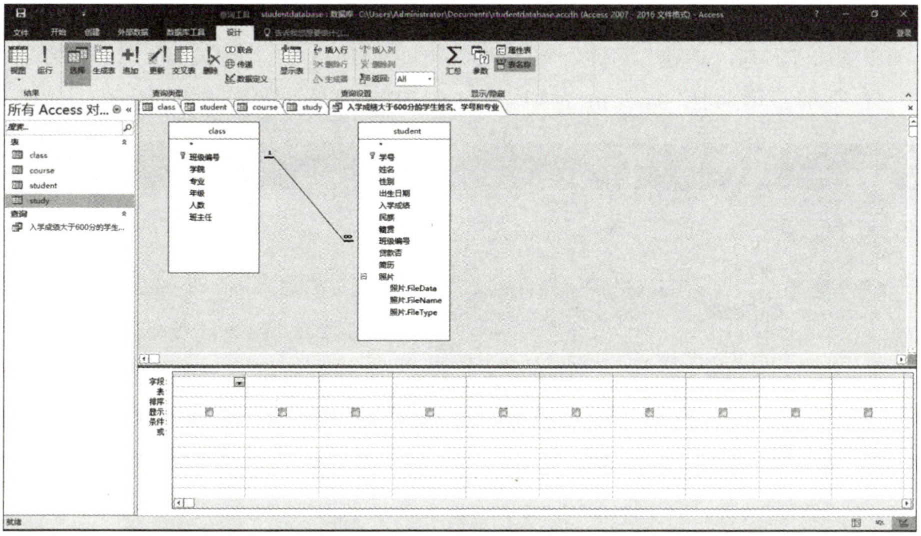

图 3-14　查询设计操作界面

在图 3-14 下面的网格中添加字段。根据题目要求，分别双击 student 表中的姓名、学号、班级编号、入学成绩和 class 表中的专业五个字段进行添加。在入学成绩的条件行输入“>600”。班级编号并没有要求显示在查询结果中，因此班级编号的显示“√”可以取消，然后保存，如图 3-15 所示。

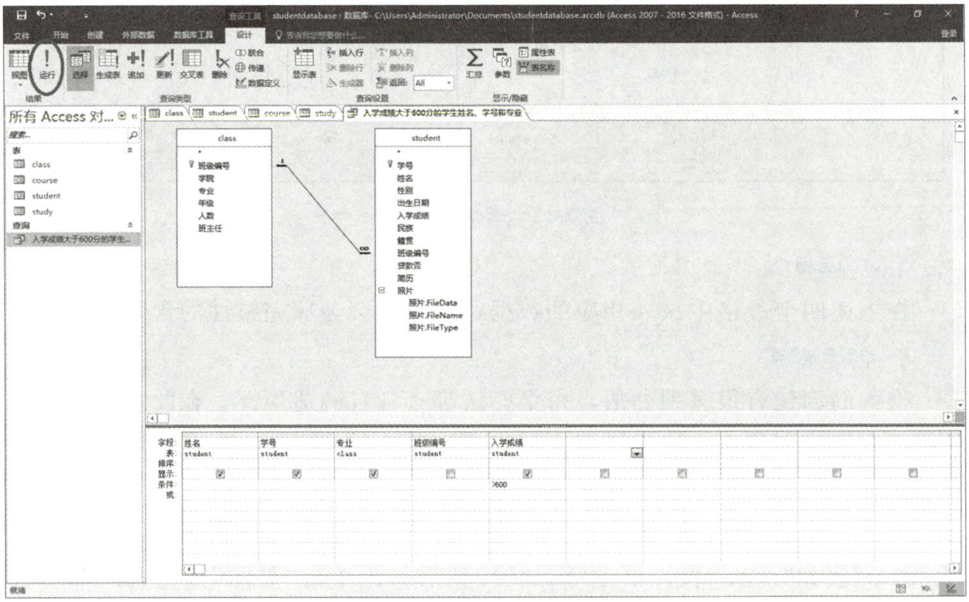

图 3-15　添加字段并设置条件

在图 3-15 中，单击“设计”→“运行”功能选项区的运行按钮，执行结果如图 3-16 所示。可对比 student 表和 class 表中的数据，如图 3-17 所示。

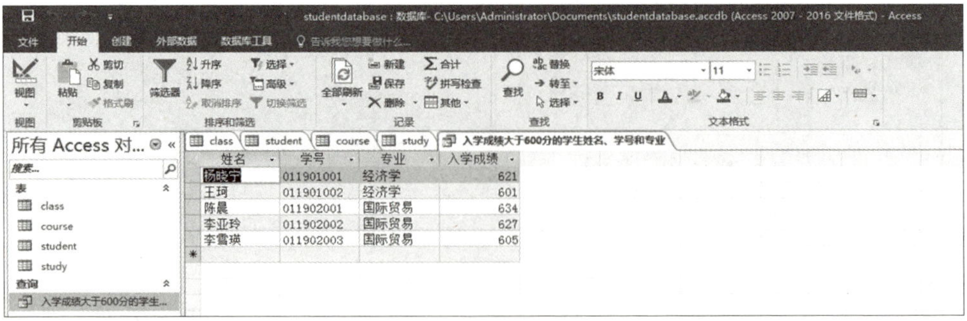

图 3-16　查询结果

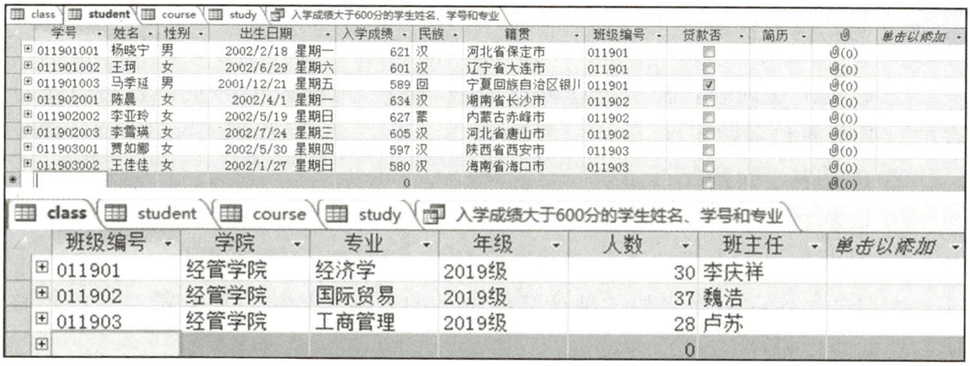

学号	姓名	性别	出生日期		入学成绩	民族	籍贯	班级编号	贷款否	简历	附件
011901001	杨晓宁	男	2002/2/18	星期一	621	汉	河北省保定市	011901	☐		(0)
011901002	王珂	女	2002/6/29	星期六	601	汉	辽宁省大连市	011901	☐		(0)
011901003	马季珽	男	2001/12/21	星期五	589	回	宁夏回族自治区银川	011901	☑		(0)
011902001	陈晨	女	2002/4/1	星期一	634	汉	湖南省长沙市	011902	☐		(0)
011902002	李亚玲	女	2002/5/19	星期日	627	蒙	内蒙古赤峰市	011902	☐		(0)
011902003	李雪瑛	女	2002/7/24	星期三	605	汉	河北省唐山市	011902	☐		(0)
011903001	贾如娜	女	2002/5/30	星期四	597	汉	陕西省西安市	011903	☐		(0)
011903002	王佳佳	女	2002/1/27	星期日	580	汉	海南省海口市	011903	☐		(0)

班级编号	学院	专业	年级	人数	班主任
011901	经管学院	经济学	2019级	30	李庆祥
011902	经管学院	国际贸易	2019级	37	魏浩
011903	经管学院	工商管理	2019级	28	卢苏

图 3-17　student 表和 class 表中的数据

可将视图切换到“SQL 视图”，查看 SQL 语句，如图 3-18 所示。

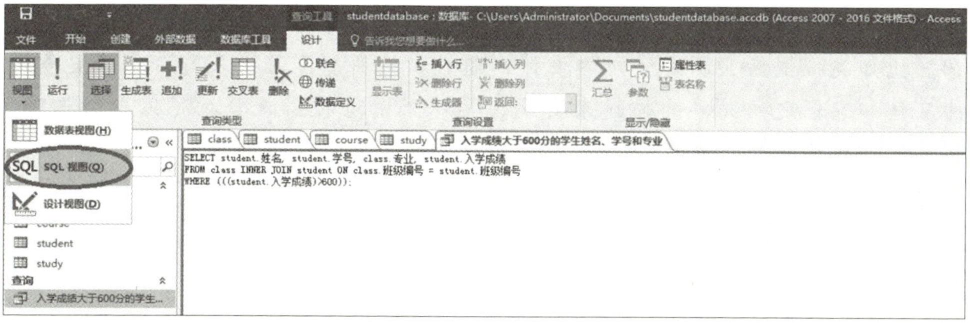

图 3-18　查询的 SQL 视图

3.3　设计性实验：为一家小型计算机销售商建立关系型数据库

A 公司是一家小型的计算机零售商，销售品牌台式计算机和笔记本电脑。目前该公司有三个上游供应商，近期准备增加两个供应商。快速增长的业务使其有必要建立一个数据库系统来管理供应商的供货情况。

数据库中至少应该包括供应商的信息和产品的信息。供应商信息需要包括供应商的编号、公司名称、公司地址、邮编、联系人、联系电话等，产品信息需要包括产品编号、产品名称、产品类别(台式/笔记本)、规格描述、价格、供应商编号、库存数量、再订货点(指当库存降低到预设的数量时，就开始新的订货)等。

实验步骤和要求

① 根据上述内容，初步设计数据库表结构、选择表中的主键，自行设计表中数据类型和字段属性。

② 建立表之间的关系。

③ 借鉴2.4节实验中获取的相关数据，填写数据库中相关数据。

④ 根据数据库中供应商关系和产品关系，执行如下查询操作：

查询公司库存中最贵的5种计算机产品的名称、价格、库存量，按照价格从高到低顺序排序；

列出需要补充库存的计算机产品名称、类别、规格描述、库存量、再订货点及其供应商的公司名称、地址、联系电话。

注意： 基于上述情景描述，数据库的需求分析可以比较简单，数据库结构通过供应商信息表和产品信息表两张表就能满足简单的需求。但也可以比较复杂，比如类似罗斯文贸易公司的设计，通过供应商、产品、采购订单等更复杂的实体和它们之间关系的描述来实现。具体采用哪种需求分析可以自行选择，但无论选择哪一种，都说明了数据库的设计和需求分析密切相关。

3.4 阅读思考：一切皆可“量化”

《大数据时代》的作者维克托·迈尔-舍恩伯格被誉为“大数据商业应用第一人”，他拥有在哈佛大学、牛津大学、耶鲁大学和新加坡国立大学等多个互联网研究中心任教的经历，早在2010年就在《经济学人》上发布了长达14页对于大数据应用的前瞻性研究。

《大数据时代》一书中展示了谷歌、微软、亚马逊、IBM、苹果、Facebook、Twitter、VISA等大数据先锋们最具价值的应用案例。同时，舍恩伯格在书中前瞻性地指出，大数据带来的信息风暴正在改变我们的生活、工作和思维，大数据开启了一次重大的时代转型，并用三个部分讲述了大数据时代的思维变革、商业变革和管理变革。

大数据发展的核心动力来源于人类测量、记录和分析世界的渴望。信息技术变革随处可见，但是如今信息技术的重点在“T”(技术)上，而不是在“I”(信息)上。现在我们是时候把聚光灯打向“I”，开始关注信息本身了。如何认知世界上可能存在数据，在某种程度上，比如何分析数据来得更重要。那么，这个世界上到底存在哪些数据呢？抑或一切皆可量化？《大数据时代》为我们描述了当文字、方位、沟通、世间万物变成数据之后带来的商业价值。

阅读《大数据时代》，尤其是第 97 页至第 126 页的内容，并在互联网上查找相关资料。

思考

① 有哪些类型的文字可以变成数据？可以针对它们做哪些分析？

② 地理位置可以通过哪些技术进行数据化？地理位置数据化之后可以做哪些分析？

③ 沟通交流的数据化可以分析发现哪些问题？

④ 在我们的生活和企业运作中，还存在哪些种类的数据每天都在发生？他们的商业价值何在？

3.5　阅读思考：You May Not Need Big Data After All

2013 年 12 月的 *Harvard Business Review* 刊登了一篇文章“You May Not Need Big Data After All”。文章作者珍妮·罗斯是麻省理工学院斯隆商学院信息系统研究中心(Center for Information Systems Research，CISR)主任兼首席科学家，辛西娅·比思是德克萨斯大学奥斯汀分校退休教授，安妮·夸德格拉斯是 CISR 的研究科学家。

文章对近些年风行的“大数据”概念提出了质疑和思考，认为现今企业近乎疯狂地投资于数据科学家、数据仓库以及数据分析软件，但却收效甚微。问题出在哪里呢？第一，大数据被严重夸大宣传，导致企业对它寄予的厚望已经超出了它实际能产生的价值；第二，从数据分析中得出的洞见很容易被复制；第三，企业需要变革才能将大数据中得出的观点转化为竞争优势，而很多企业可能无法实现这种变革。不过，投资大数据没有获得相应回报的最主要原因在于：大多数企业对已有数据没能很好地进行处理，不知道如何管理、分析这些数据才能拓展自己的视野，更不用说在新洞察的指导下进行变革。

企业不会因为投资了高端分析工具，就奇迹般地培养出上述能力。企业只有学会如何运用数据和分析帮助自己决策，才可能从大数据中获益。这种类型的企业目前来看大概只有四类——供应商、工程与研究类企业、顶尖互联网公司以及具有“循证决策”传统的企业。作者发现一直坚持用数据指导决策的企业为数稀少。只有一小部分企业具备作者称为“循证决策”(Evidence-based Decision Making)的文化。与没有这种文化的企业相比，它们的盈利能力一般会更强。

为什么其他企业不能更好地利用数据、更好地分析呢？原因之一是它们的管理实践没能跟上技术平台的发展，另一个原因在于采用循证决策是一项艰难的文化转变。

具备"循证决策"文化的企业，能够确保所有决策者都经常运用业绩数据。他们会做好四件事：第一，建立准确无误的业绩数据源；第二，向各个级别的决策制定者提供近乎实时的反馈；第三，不断清晰地传达自己的企业规定，并根据实际情况不断更新这些规定；第四，为经常参与决策的员工提供高质量的培训指导。

文章认为，很多人在宣讲大数据时，强调的是获得更多信息来分析，但把握信息经济机遇的最好方式是让所有人更有效地使用数据——这看似成本高昂且充满风险，实际却成本低廉且作用强大，能够将你拥有的"大数据"和"小数据"全部利用起来。

思考

① 什么是"循证政策"文化？具备这种文化的企业一般在运作上具有哪些特点？请举例分析。

② 除了具备"循证政策"文化的企业外，其他几类企业为什么可以在大数据中获益？

③ 文章所谓的"你也许并不需要大数据"是对"大数据"的否定吗？它到底想表达什么观点？

第 4 章　企业的数据分析与决策支持

信息时代的企业信息系统不仅要求大量业务相关数据被存储和管理，更需要有效地对数据进行分析处理来提取有价值的信息，从而使得企业具有更强的决策力、洞察力和流程优化能力。本章和第 3 章一起作为大数据时代理解企业数据相关基础设施的必要基础环节。虽然目前新兴的数据分析处理工具/平台不断出现，但本章还是立足于信息对企业的决策支持作用，介绍了企业中主要数据分析的流程方法和决策支持的形式，同时通过阅读思考和业界动态了解商务智能、人工智能的发展。

4.1　知识要点

4.1.1　数据分析

数据分析是指使用适当的分析方法对收集的大量数据进行分析，将隐没在大量看似杂乱无章的数据中的有价值的信息提炼出来，从而实现对研究对象的特征描述、原因探索或者未来预测。

数据分析有一套比较规范的操作步骤，如图 4-1 所示。

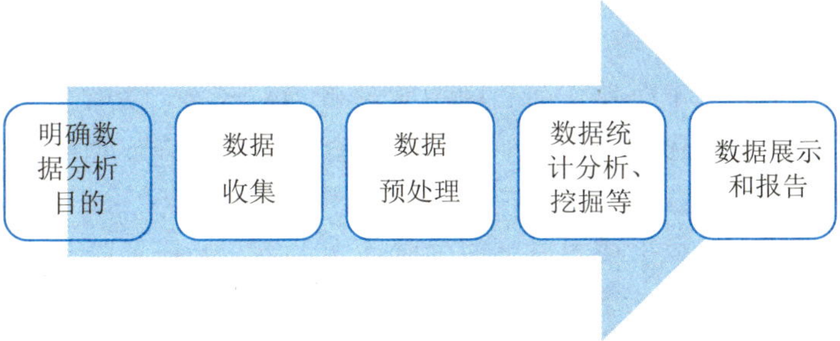

图 4-1　数据分析的操作步骤

数据分析的基本策略有描述性分析、探索性分析、预测性分析以及优化指导性分析。描述性分析可用于描述已经发生的事情。探索性分析主要用于发现数据背后隐藏的内在规律和联系，也包括探索事情发生背后的原因。预测性分析是指根据历史数据构建模型，然后对未来的情况进行预报。优化指导性分析往往利用一些优化模型根据环境的约束条件给出最优决策。

数据分析的具体方法有很多，在企业中比较常用的有对比分析法、分组分析法、漏斗分析法、A/B 测试分析法等。

数据分析常用的软件工具包括 Excel、SPSS、SAS、Python、Matlab、R、Tableau、Power BI 等。

优秀的数据分析人员除了要掌握数据分析技术，更需要熟悉企业业务，才能从企业的需求和目标出发，发现对企业决策有价值的信息。

4.1.2 决策与决策支持

决策是企业最重要、意义最重大的活动之一。美国经济学家西蒙(Herbert A. Simon)认为“管理就是决策”。一般来说，决策是决定未来的行动目标，并从两个以上实现目标的方案中，选择一个合理方案的分析判断的过程。在决策过程中，企业需要花费大量的时间、金钱等资源。

决策一般可以分为非结构化决策、结构化决策和半结构化决策。

非结构化决策：决策者必须对问题的定义提供判断、评价和洞察。非结构化决策没有规则可循，需要由决策者根据各项信息和个人经验去判断，比如决定公司未来的发展方向就是一个非结构化的决策。非结构化决策一般在企业的高层中较为常见。

结构化决策则正好相反，是重复的、常规的，决策者可以遵循一个明确的步骤进行处理，以实现高效率。比如，顾客订单的采集就是一个结构化决策。基层员工面对较多的是结构化决策。

半结构化决策介于两者之间。中层管理者面对较多的是结构化决策问题，也可能会出现半结构化决策。比如，对于消费者意见投诉的处理就是一个半结构化决策。

西蒙把决策的过程描述为以下四个阶段。

① 情报：进行情报分析以发现和识别问题、需求或者机会；

② 设计：找出所有的可行性方案；

③ 选择：对每个方案进行评价，选择一个最合适的方案；

④ 实施：执行选中的方案，监测实施结果。

4.1.3　决策支持系统

决策支持系统是把数据、复杂的分析模型和工具、用户友好的界面整合成一体的强有力的计算机系统，从而支持组织中半结构化或非结构化的决策。决策支持系统通过人—机对话，向决策者提供信息，协助决策者发现和分析问题，探索解决方案，评价、预测和选择方案，以便提高决策的有效性。

决策支持系统主要有两种：模型驱动的决策支持系统和数据驱动的决策支持系统。

模型驱动的决策支持系统一般是一个独立系统，独立于公司的主要信息系统。早期的决策支持系统多为模型驱动的，主要采用一些模型执行“what-if”分析和其他类型的分析，它的分析能力也主要是基于强大的理论或者模型。应用最广泛的模型包括统计模型、预测模型、灵敏度分析模型。

数据驱动的决策支持系统通过分析大量的公司系统中的数据，提取、分析大量有用的信息以支持决策。因此，数据驱动的决策支持系统中经常会使用联机分析处理技术(On-Line Analytical Processing，OLAP)和数据挖掘的算法。

不同的决策支持系统在应用性和复杂性方面有很大的差异，但它们有某些共同的特征。典型的决策支持系统一般由三个部分组成，分别是数据管理、模型管理和用户界面管理，如图 4-2 所示。

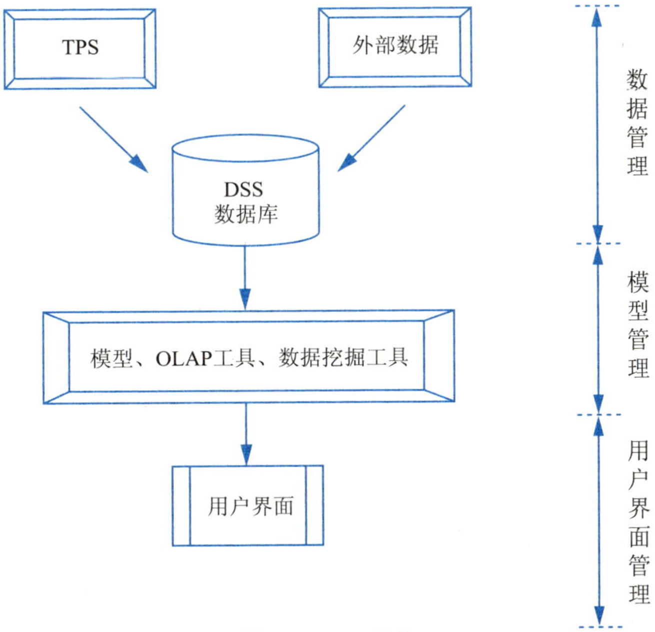

图 4-2　DSS 部件

数据管理：对企业现在和历史数据进行管理，可能是一个来自于公司某些业务或者外部环境中的数据集合，也可能是巨大的数据仓库。

模型管理：用于数据分析的软件工具，比如一些统计模型、预测模型、灵敏度分析模型，或者 OLAP 工具、数据挖掘工具。根据决策支持系统的用途不同，模型的选择也是不同的。

用户界面管理：方便用户和系统之间的对话互动，以保证系统提供的是决策者需要的信息。一般来说，用户界面部分会把分析结果采用更加直观的形式展现，比如图形。

4.1.4 商务智能

商务智能(Business Intelligence，BI)指应用现代数据仓库技术、OLAP 技术、数据挖掘和数据展现技术进行数据分析以实现商业价值。实现商务智能的过程是企业的决策人员以企业中的数据仓库为基础，经过 OLAP 工具、数据挖掘工具加上决策规划人员的专业知识，从数据中获得有用的信息和知识，帮助企业获取利润。

数据仓库是一个面向主题的(Subject Oriented)、集成的(Integrate)、相对稳定的(Non-volatile)、反映历史变化(Time Variant)的数据集合，用于支持管理决策。数据仓库与数据库不同，绝不是“大型数据库”。数据库是面向事务的，一般存储在线交易数据，主要是捕获数据。而数据仓库是面向主题的，一般存储的是历史数据，主要为分析数据而设计。

OLAP 是以海量数据为基础的复杂分析技术。它支持各级管理决策人员从不同的角度、快速灵活地对数据仓库中的数据进行复杂查询和多维分析处理，并且能以直观易懂的形式将查询和分析结果展现给决策人员。OLAP 使用的逻辑数据模型为多维数据模型，采用如下框架进行描述。

① 维(Dimension)：是人们观察数据的特定角度，是考虑问题时的一类属性，属性集合构成一个维，如时间维、地理维等。

② 维的层次(Level)：维还可以存在细节程度不同的各个描述方面，比如时间维还有日期、月份、季度、年等层次。

③ 维的成员(Member)：维的一个取值，是数据项在某维中位置的描述，比如“某年某月某日”是在时间维上位置的描述。

④ 度量(Measure)：多维数组的取值，比如 2000 年 1 月，上海，笔记本电脑，￥8 000。

OLAP 的基本多维分析操作有钻取(Roll-up/Drill-down)、切片(Slice)和切块(Dice)以及旋转(Pivot)等。

钻取：是改变维的层次，变换分析的粒度。它包括向下钻取(Drill-down)和向上钻取(Roll-up)。Roll-up 是在某一维上将低层次的细节数据概括到高层次的汇总数据，或者减少维数；而 Dril-down 则相反，它从汇总数据深入到细节数据进行观察或增加新维。

切片和切块：是在一部分维上选定值后，度量数据在剩余维上的分布。如果剩余的维只有两个，则是切片；如果有三个或以上，则是切块。

旋转：是变换维的方向，即在表格中重新安排维的放置(例如行列互换)。

数据仓库与 OLAP 的关系是互补的，现代 OLAP 系统一般以数据仓库作为基础，即从数据仓库中抽取详细数据的一个子集并经过必要的聚集存储到 OLAP 存储器中供前端分析工具读取。

数据挖掘(Data Mining)是指从海量数据中提取隐含的、先前未知并有潜在价值的信息和知识的过程。数据挖掘的数据有多种来源，包括数据仓库、数据库或其他数据源。数据挖掘的常用方法包括关联规则、分类、聚类和 Web 页面挖掘等。

关联规则(Association Rule)，是描述数据库中数据项之间所存在的关系的规则，即根据一个事务中某些项的出现可导出另一些项在同一事务中也出现，即隐藏在数据间的关联或相互关系。关联规则挖掘的一个典型例子是进行购物篮分析。市场分析员要从大量的数据中发现顾客放入其购物篮中的不同商品之间的关系。

分类(Classification)，是找出数据库中一组数据对象的共同特点并按照分类模式将其划分为不同的类，其目的是通过分类模型，将数据库中的数据项映射到某个给定的类别。它可以应用到客户的分类、客户的属性和特征分析、客户的购买趋势预测等。比如一个图书销售商将客户按照对图书喜好的不同划分成不同的类，这样营销人员就可以将新上市的图书信息邮寄到有这种喜好的客户手中，从而大大增加了商业机会。

聚类(Clustering)，是把一组数据按照相似性和差异性分为几个类别，其目的是使得属于同一类别的数据间的相似性尽可能大，不同类别中的数据间的相似性尽可能小。它可以应用到客户群体的分类、客户背景分析、客户购买趋势预测、市场的细分等。

Web 页面挖掘(Web Mining)，随着 Internet 的迅速发展及 Web 的全球普及，Web上的信息量无比丰富。通过对Web的挖掘，可以利用其中的海量数据进行分析，收集政治、经济、政策、科技、金融、竞争对手、供求信息、客户等有关的信息，集中精力分析和处理那些对企业有重大或潜在重大影响的外部环境信息和内部经营信息，并根据分析结果找出企业管理过程中出现的各种问题和可能引起危机的先兆，对这些信息进行分析和处理，以便识别、分析、评价和管理危机。

4.1.5 人工智能

对于人工智能(Artificial Intelligence，AI)，维基百科中采用的是罗素(Stuart Russell)与诺维格(Peter Norvig)在《人工智能：一种现代方法》中的定义：人工智能是有关“智能主体(Intelligent Agent)的研究与设计”，智能主体是指一个可以观察周遭环境并做出行动以达成目标的系统。

人工智能要让机器去实现目前借助人类智慧和能力才能实现的任务，比如像人类一样思考、听懂、看懂、运动，因此就有了现在的很多人工智能研究分支，比如机器学习、知识表示、自动推理、人工意识、语音识别、视觉识别、运动控制等。

机器学习(Machine Learning)是人工智能的核心，是使计算机具有智能的根本途径，其应用遍及人工智能的各个领域。机器学习，从广义上讲，也希望能够赋予机器学习的能力，让它完成直接编程无法完成的功能。从实践的意义上来说，机器学习是一种通过数据训练出模型，然后使用模型预测的方法。机器学习可以简单分为监督学习(Supervised Learning)和无监督学习(Unsupervised Learning)。监督学习通过已有的训练样本(即已知数据以及其对应的输出)去训练得到一个最优模型，再利用这个模型将所有的输入映射为相应的输出，对输出进行简单的判断从而实现分类的目的，也就具有了对未知数据进行分类的能力。无监督学习与监督学习的不同之处在于事先没有训练样本，而需要直接对数据进行建模。

深度学习(Deep Learning)是机器学习的一种。近年来，语音识别和机器视觉突飞猛进，技术上最大的原因就是深度学习。2006年，多伦多大学教授同时也在Google工作的深度学习泰斗辛顿(Geoffrey Hinton)及其合作者发表了一篇名为《一种深度置信网络的快速学习算法》的论文，之后很多研究者在这个领域发表重要成果，使深度学习有了重大突破。

深度学习的核心模型是人工神经网络，同时要结合大数据进行训练。相比于传统神经网络，深度学习采用深度神经网络(具有多隐层)，通过逐层特征变换，将样本在原空间的特征变换到一个新特征空间，具有优异的特征学习能力，使分类或预测更容易。同时深度学习利用大数据来学习特征，更能够刻画数据丰富的内在信息。

4.2 基础技能实验：Excel 中的数据分析工具

无论在决策支持还是在某些情况下的决策制定或者方案推荐中，信息技术都发挥着极其重要的作用，比如 Oracle、IBM、SAP、SAS 等信息技术公司都提供数据仓库和 OLAP 工具来支持企业的数据分析和决策支持。微软 Excel 软件虽然简单，但也提供了一些先进的工具，对决策支持非常有效。本实验不讨论 Excel 的基础知识和操作，只介绍 Excel 的自动筛选、条件格式和数据透视图三个数据分析方法。本实验的目标不在于详尽地讨论每种功能是如何实现的，而是关注每种功能在决策支持任务中的重要作用。

通过此实验，可以掌握 Excel 软件的自动筛选、条件格式和数据透视图、方案管理器等工具的使用方法，理解 Excel 对数据分析和决策支持的作用。

4.2.1　自动筛选

自动筛选能通过筛选一个列表，只把特定的信息显示出来，这些信息满足用户指定的标准，而将其他的信息隐藏起来。自动筛选适用于从较大规模的列表中创建较小的列表。

① 把第 3 章中“罗斯文贸易公司”示例数据库“订单”表中的数据导出，保存为 Excel 文件，如图 4-3 所示。

② 如果想查询来自北京的货主的所有订单信息，那么单击列表中的任意单元格，选择菜单栏中的“数据”→“筛选”。Excel 列表将在每一标签或列标题邻接处设置下拉组合框箭头。单击“发货省/市/自治区”的下拉框并选择“北京”，则 Excel 就只显示出筛选后的北京发货的订单列表，如图 4-4 所示。

也可以在列标题邻接处的下拉组合框中选择多个选项，或者单击“文本筛选”中的“自定义筛选”，从而对筛选的条件进行编辑。

③ 如果想查询 4 号员工处理的用信用卡进行支付的北京地区发货的订单信息，那么在第②步基础上单击“员工 ID”下拉框，选择“4”，然后单击“付款类型” 下拉框，选择“信用卡”，如图 4-5 所示。

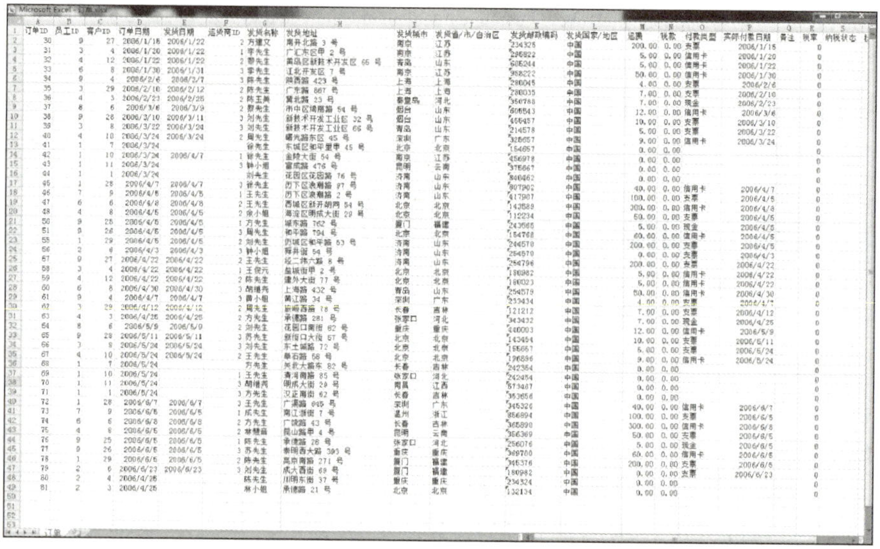

图 4-3　订单数据列表

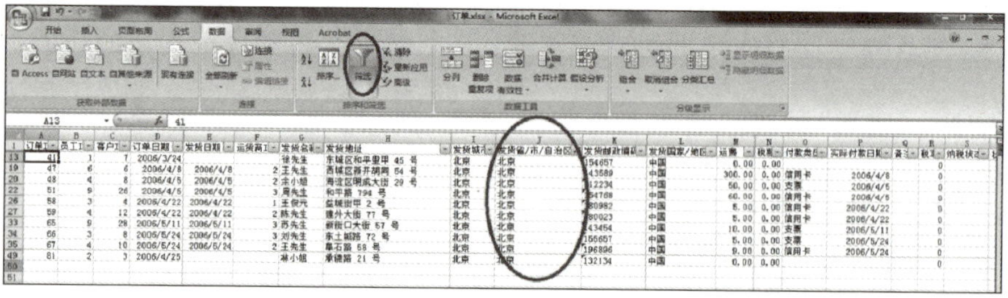

图 4-4　利用筛选功能查看北京发货的订单信息

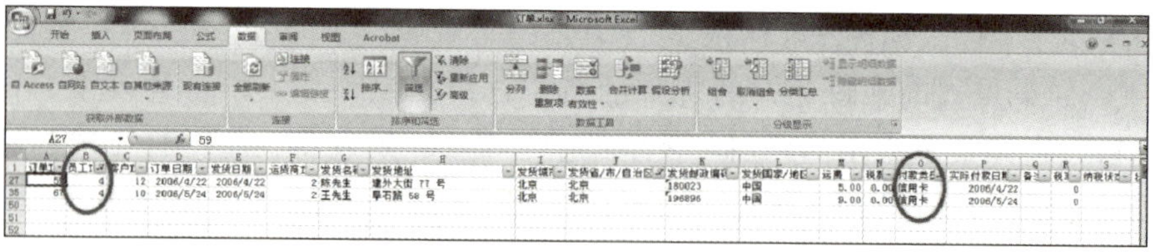

图 4-5　利用三重筛选产生列表

4.2.2　条件格式

自动筛选的实现方式是通过隐藏不需要的信息而显示出想查看的信息。作为另一种选择，你可能希望在高亮显示指定信息的同时，仍然能看到其他信息。如果是这样，可以利用条件格式功能实现这个目的。

① 如果希望将整个订单列表显示出来，而且高亮显示订单日期在 2006/3/1—2006/4/30 之间的订单，可以选择整个“订单日期”列。

② 在菜单栏中选择“开始”→“条件格式”→“突出显示单元格规则”→“介于”，在弹出的“介于”对话框中输入条件，并选择高亮显示的格式。最后能够得到在订单日期列中高亮显示日期在 2006/3/1—2006/4/30 之间的单元格，如图 4-6 所示。

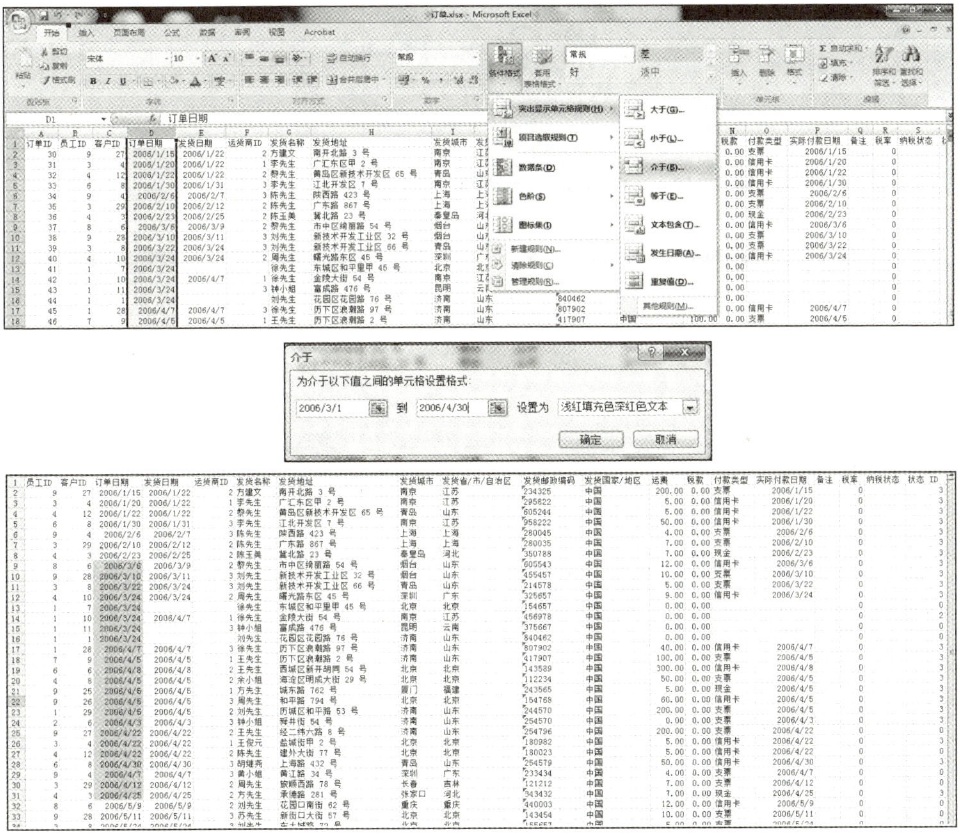

图 4-6 利用条件格式高亮需要的信息

4.2.3 数据透视表

数据透视表是交互式报表，可快速合并和比较大量数据。旋转其行和列可以看到源数据的不同汇总，而且可以显示用户感兴趣区域的明细数据。

① 如图 4-7 所示，单击图中的 A1 单元格，在菜单栏中选择“插入”→“数

据透视表”，弹出“创建数据透视表”对话框后，单击“确定”按钮，可以打开数据透视表界面，如图 4-8 所示。

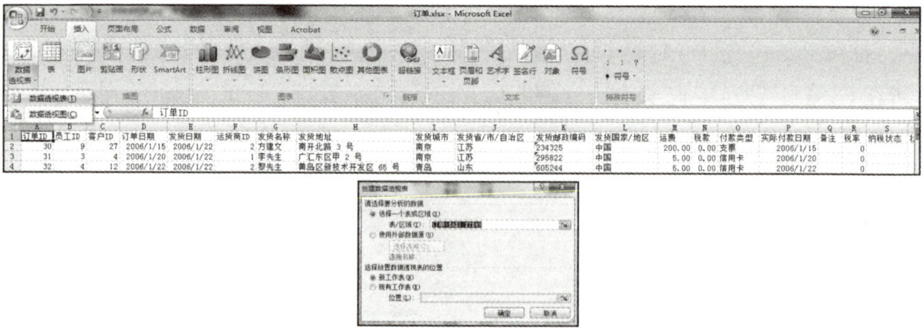

图 4-7　创建数据透视表

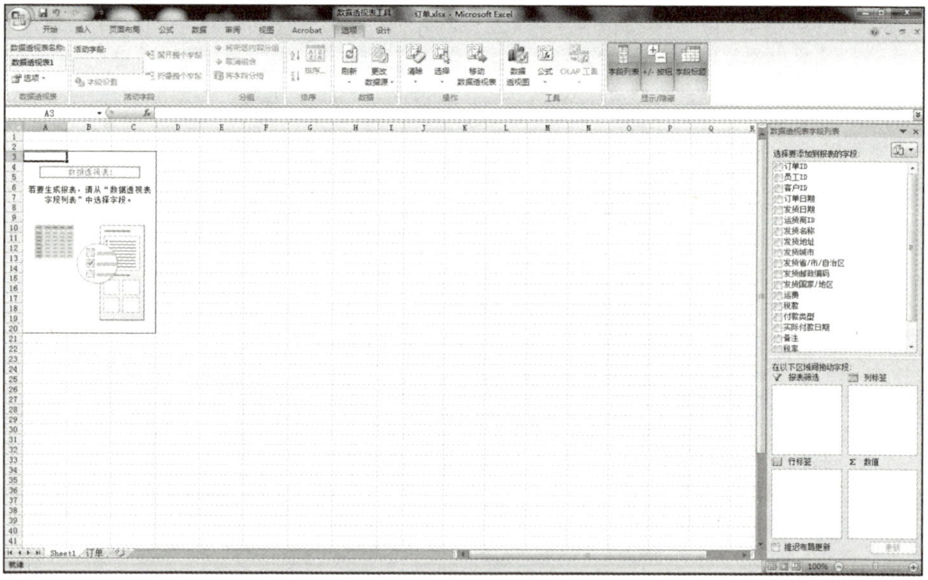

图 4-8　数据透视表界面

② 如果想按照发货省进行订单计数，那么从数字透视表字段列表把“发货省/市/自治区”字段拖到图 4-8 右下角的“行标签”框中，将“订单 ID”字段从数据透视表字段列表拖到图 4-8 右下角的“数值”框中，右击“数值”框中的“求和项：订单 ID”的下拉箭头，选择“值字段设置”。在弹出的“值字段设置”窗口中，在“汇总方式”选项卡中选择“计数”(注意：订单 ID 进行求和没有任何意

义，应该进行计数操作）并单击“确定”按钮，从而得到如图 4-9 所示的数据透视表，反映了发货自北京、福建、广东等 12 个省/市/自治区的订单数量。

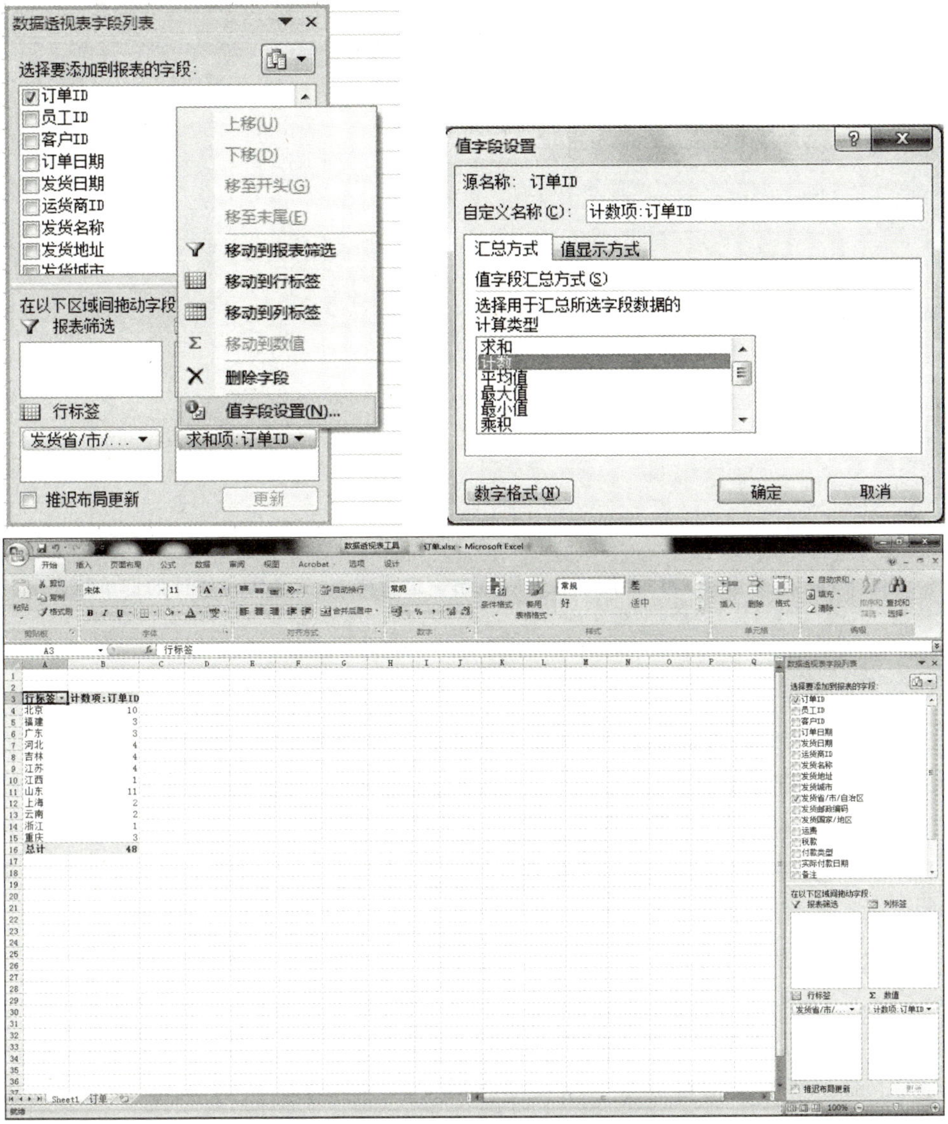

图 4-9　按照发货地区统计订单数量

③ 在第②步的基础上，从数据透视表字段列表把“发货城市”字段拖到“行标签”框中，位于“发货省/市/自治区”字段的下方，把“运货商 ID”字段拖到

“列标签”框中，并在“数值”框的“求和项：订单ID”的“值字段设置”中的“汇总方式”下仍然选择“计数”，那么就得到如图4-10所示的数据透视表；该透视表按照发货省/市/自治区、发货城市、运货商ID三个维度统计了订单数量。

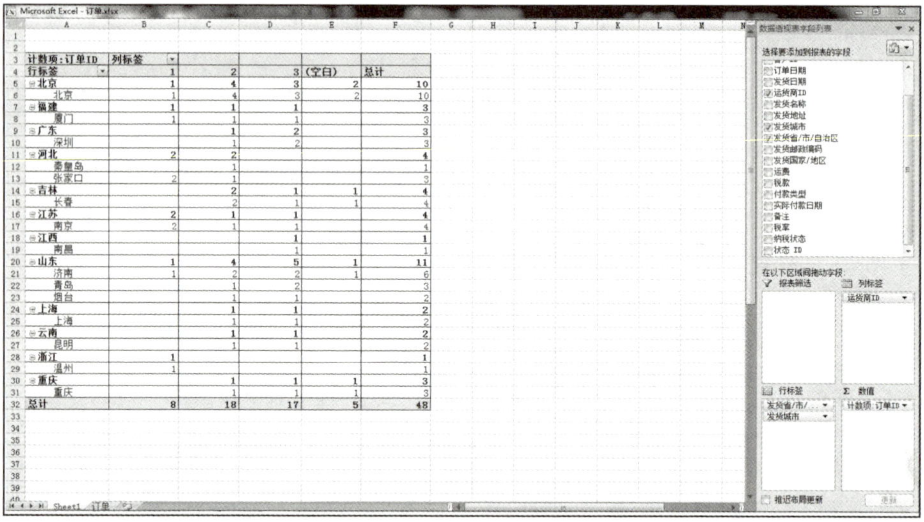

图4-10 按发货省/市/自治区、发货城市、运货商ID三个维度统计的订单数量

4.2.4 方案管理器

在企业的生产经营活动中，由于市场的不断变化，企业的生产销售受到各种因素的影响，企业需要估计这些因素并分析其对企业生产销售的影响。Excel提供了称为方案的工具来解决上述问题，利用其提供的方案管理器，可以很方便地对多种方案(即多个假设条件)进行分析。下面结合实例来说明如何使用方案管理器进行方案分析和管理。

某企业生产产品A、产品B、产品C，在2014年的销售额分别为200万元、400万元和300万元，销售成本分别为120万元、280万元和160万元。根据市场情况推测，2015年产品的销售情况有好、一般和差三种情况，每种情况下的销售额及销售成本的增长率如图4-11所示。

根据以上资料，在图4-11中建立2015年方案分析：

① 如图4-12所示，在原有数据右侧建立2015年方案分析计算的格式，在单元格G7中输入公式“=SUMPRODUCT(B3:B5，G4:G6)+B6-SUMPRODUCT(C3:C5，H4:H6)-C6”。

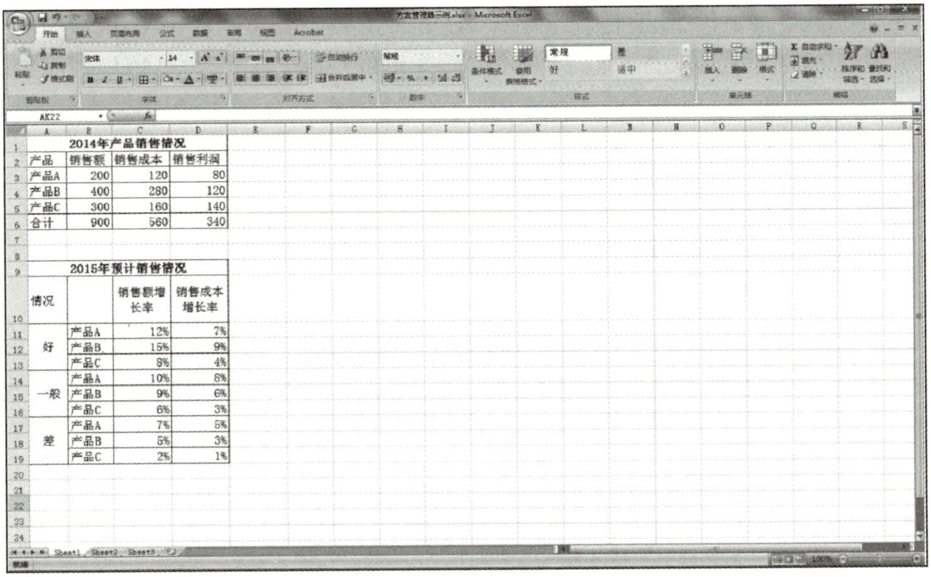

图 4-11　2014 年产品销售情况及 2015 年预计增长率

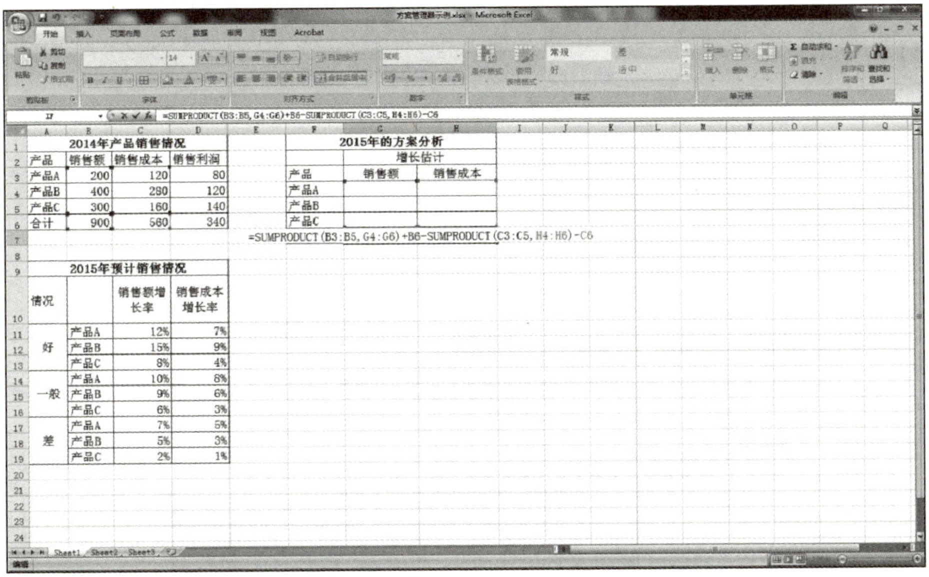

图 4-12　建立 2015 年的方案分析格式及计算公式

② 将可变单元格分别进行命名，即单元格 G4 的名字为“A 销售额增长”，单元格 H4 的名字为“A 销售成本增长”，单元格 G5 的名字为“B 销售额增长”，

单元格 H5 的名字为“B 销售成本增长”，单元格 G6 的名字为“C 销售额增长”，单元格 H6 的名字为“C 销售成本增长”，单元格 G7 的名字为“总销售利润”。

③ 在“数据”选项卡上的“预测”组中，单击“模拟分析”→“方案管理器”按钮，弹出的“方案管理器”对话框如图 4-13 所示。单击“添加”按钮，系统将弹出“编辑方案”对话框，如图 4-14 所示。

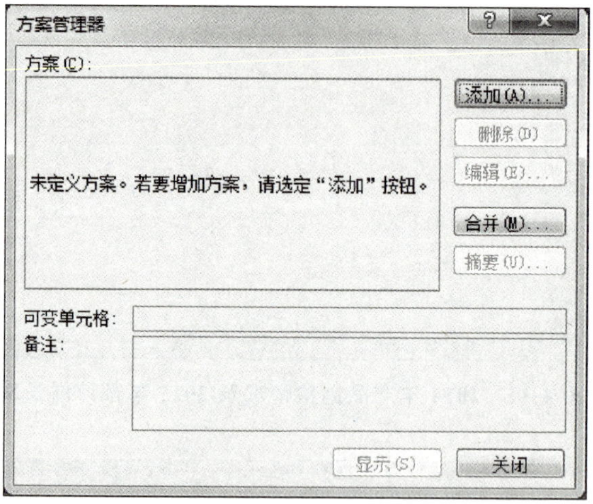

图 4-13 “方案管理器”对话框

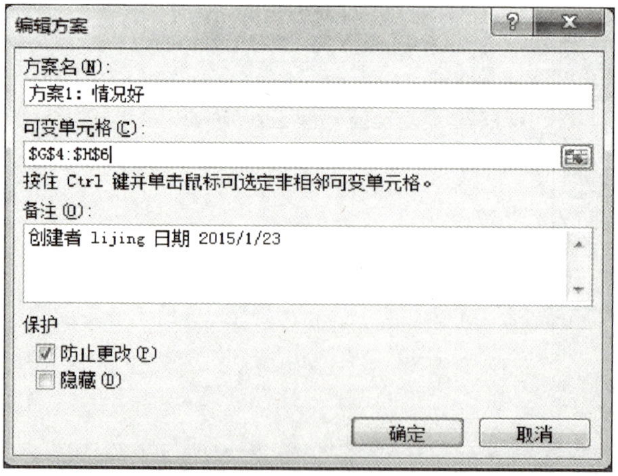

图 4-14 “编辑方案”对话框

④ 在“编辑方案”对话框的“方案名”文本框中输入“方案 1：情况好”，“可变单元格”文本框中输入“G4：H6”，单击“确定”按钮后，系统弹出

“方案变量值”对话框，如图 4-15 所示。

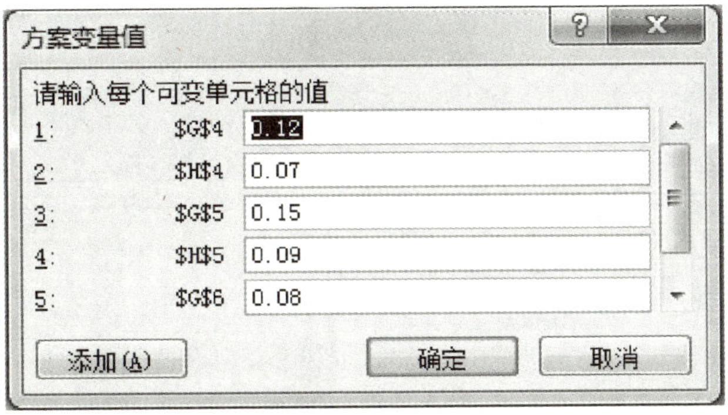

图 4-15　“方案变量值”对话框

⑤ 在“方案变量值”对话框中输入每个可变单元格的值(这里要按行输入)，输入完毕后单击“添加”按钮，系统会弹出如图 4-14 所示的“编辑方案”对话框，对第二个方案按照“情况一般”的数据进行输入；待所有方案输入完毕后，单击“编辑方案”对话框中的“确定”按钮，系统返回到“方案管理器”对话框，如图 4-16 所示。此时，可单击“关闭”按钮，回到工作表。

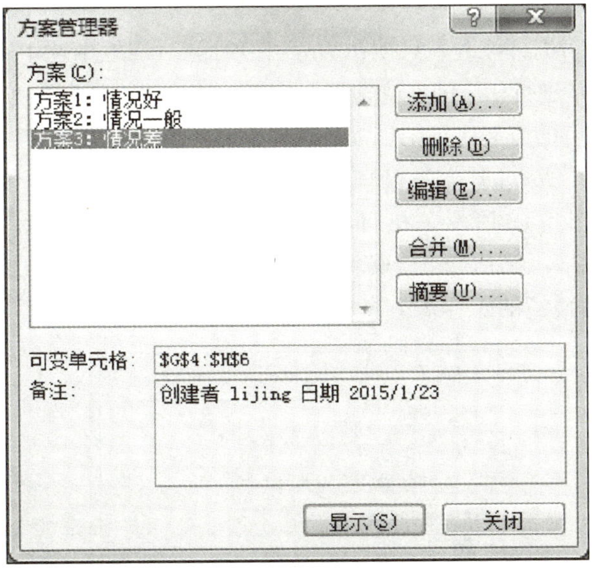

图 4-16　方案建立完毕后的“方案管理器”对话框

方案制订好后，任何时候都可以执行方案，查看不同的执行结果，方法如下。

⑥ 单击图4-16中的“显示”按钮，则系统就自动显示出该方案的执行结果，如图4-17所示。

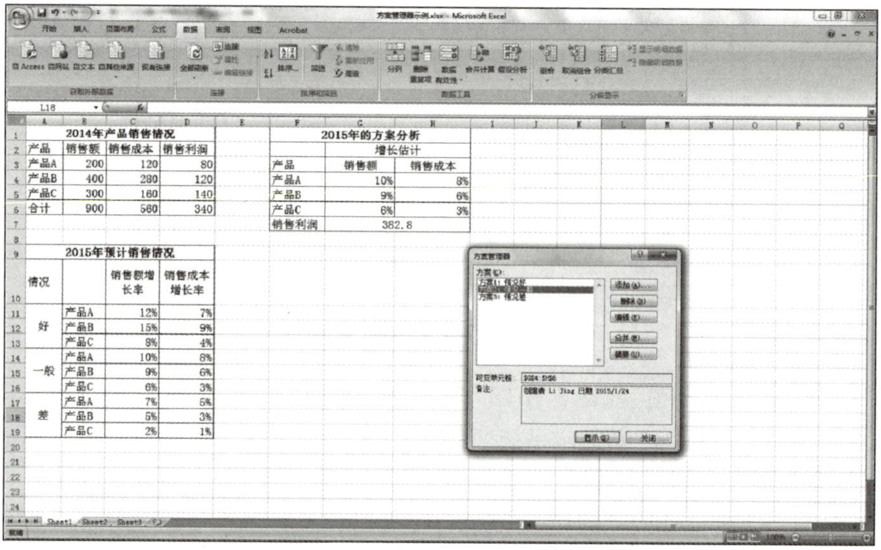

图 4-17　当方案为“方案 2：情况一般”时的执行结果

对做好的方案进行修改，只须在“方案管理器”对话框中选中需要修改的方案，单击“编辑”按钮，进行相应的修改即可。同理，还可以进行删除和增加操作。

当需要将所有的方案执行结果都显示出来时，可建立方案报告，方法如下。

⑦ 在图4-16所示的“方案管理器”对话框中单击“摘要”按钮，弹出“方案摘要”对话框，如图4-18所示。在“报表类型”中选择“方案摘要”项，在“结果单元格”中输入“G7”，然后单击“确定”按钮，则系统在当前工作簿中自动建立一个名为“方案摘要”的工作表，如图4-19所示。

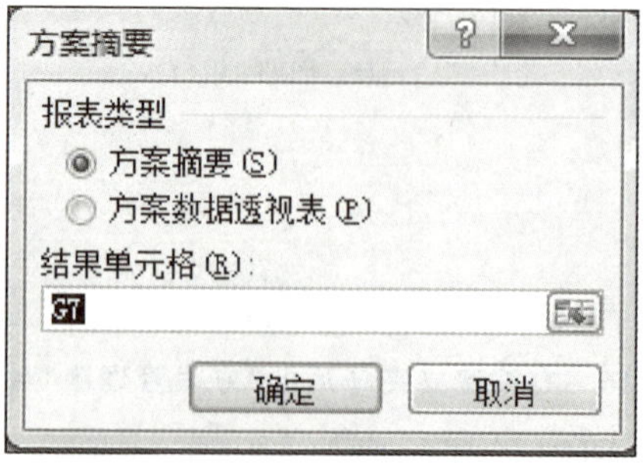

图 4-18　“方案摘要”对话框

方案摘要	当前值:	方案1：情况好	方案2：情况一般	方案3：情况差
可变单元格:				
A销售额增长	10%	12%	10%	7%
A销售成本增长	8%	7%	8%	5%
B销售额增长	9%	15%	9%	5%
B销售成本增长	6%	9%	6%	3%
C销售额增长	6%	8%	6%	2%
C销售成本增长	3%	4%	3%	1%
结果单元格:				
总销售利润	382.8	408	382.8	364

注释：“当前值”这一列表示的是在
建立方案汇总时，可变单元格的值。
每组方案的可变单元格均以灰色底纹突出显示。

图 4-19 “方案摘要”报表

4.3 设计性实验：百货公司销售人员的相关数据分析

M 百货公司是某城市商业区最负盛誉的商场，有女装、男装、童装、鞋类与箱包、化妆品、家居用品、餐饮等几大部门，每个部门都有一批训练有素的销售人员。为了更好地鼓励销售人员的辛勤工作，公司销售部门主管制定了如下的薪酬支付方法。

在公司内部，将销售人员进行分级，并按照他们的工作经验和在本公司的工作年限领取薪水。销售人员如果超额完成他们的分配份额任务，将会得到提成奖励。因为销售人员的工作时间是不同的，所以销售任务分配就基于工作时间来定。例如，如果一个销售人员一小时的销售额任务是 100 美元，并且一天工作 5 小时，那么他一天的销售额任务就是 500 美元。销售人员对于超过 500 美元的销售额，将会得到提成奖励。表 4-1 是 M 百货公司销售人员时工资和每小时销售额任务明细。

表 4-1 M 百货公司销售人员时工资和每小时销售额任务明细

销售员级别代码	销售职位	时工资/美元	时销售额任务/美元	提成率/%
AM	经理助理	20.00	200.00	3.00
PT1	销售助理	8.50	100.00	1.00
PT2	销售伙伴	8.75	125.00	1.50
S1	销售合伙人	10.50	150.00	2.00
S2	销售顾问	12.00	175.00	2.50

每周工作一结束，销售部门主管都要做每周的销售报表，格式如表 4-2 所示。

表 4-2　M 百货公司周销售报表示例

M 百货公司周销售报表							
员工编号	级别	部门	周销售额/美元	工作时间/小时	基本工资/美元	提成/美元	薪水总额/美元
00001	AM	男装部	4 000.00	8	160.00	72.00	232.00
00003	S2	化妆品部	456.76	2.5	30.00	0.48	30.48
00004	S1	家居用品部	450.98	3	36.00	0.00	36.00

周销售报表总结了所有销售人员的销售表现(表 4-2 中的数据只是一个示例，报表格式和数据可以适当调整)。这个报表详细说明了销售人员的员工编号、级别、部门、周销售额、工作时间、基本工资、提成和薪水总额。每周初，把每个销售人员上一周的销售额和工作时间输入周销售报表，而基本工资、提成和薪水总额需要参考表 4-1 中的相关参数进行如下计算获得：

基本工资＝时工资×工作时间

提成＝(周销售额－时销售额任务×工作时间)×提成率

薪水总额＝基本工资＋提成

基本工资公式利用销售人员的销售级别来检索适当的时工资，然后把时工资乘上工作时间，使用 VLOOKUP 函数把基本工资等级算法编入基本工资。提成公式由相应的提成率和基于这个提成率的销售额来计算。因为提成公式包括查找和计算，因而需要把 IF 和 VLOOKUP 函数嵌套进去(按 F1 键可以打开 Excel 的“在线帮助”窗口，查找 IF 和 VLOOKUP 函数以及怎样嵌套的方法)。

表 4-3 所示为 M 百货公司销售人员某个星期的工作情况记录。

表 4-3　M 百货公司销售人员某个星期的工作情况

员工编号	级别	部门	周销售额/美元	周工作时间/小时
00001	AM	男装部	20 000.00	40
00002	PT2	男装部	50 326.15	40
00003	S2	化妆品部	2 283.80	12.5
00004	S2	家居用品部	2 254.90	15

续表

员工编号	级别	部门	周销售额/美元	周工作时间/小时
00005	AM	餐饮部	3 253.75	30
00006	PT1	鞋类与箱包	1 253.90	20
00007	PT1	儿童部	7 500.00	20
00008	S1	儿童部	0.00	0
00009	PT1	男装部	2 500.00	20
00010	PT1	儿童部	7 014.90	20
00011	PT2	化妆品部	0.00	0
00012	S2	儿童部	4 365.40	25
00013	S1	鞋类与箱包	22 503.35	25
00014	S1	化妆品部	1 781.30	37.5
00015	S1	家居用品部	7 501.25	25
00016	PT1	女装部	1 250.00	20
00017	PT1	鞋类与箱包	7 348.90	25
00018	PT2	鞋类与箱包	37 510.15	10
00019	S1	化妆品部	0.00	0
00020	AM	家居用品部	4 452.35	40
00021	PT2	鞋类与箱包	0.00	0
00022	PT2	化妆品部	5 000.00	25
00023	S1	儿童部	5 500.00	30
00024	AM	女装部	6 010.10	60
00025	PT2	儿童部	999.95	20
00026	S1	家居用品部	4 012.30	40
00027	S1	餐饮部	250.00	40
00028	S2	餐饮部	7 514.80	20
00029	PT1	家居用品部	0.00	0
00030	AM	鞋类与箱包	12 500.00	60

续表

员工编号	级别	部门	周销售额/美元	周工作时间/小时
00031	PT2	家居用品部	0.00	0
00032	S1	男装部	0.00	0
00033	S1	男装部	0.00	0
00034	S2	餐饮部	984.45	5
00035	S2	男装部	0.00	0
00036	PT1	女装部	1 253.75	10
00037	S1	餐饮部	4 253.15	32.5
00038	PT1	餐饮部	1 256.80	15
00039	S1	鞋类与箱包	0.00	0
00040	AM	儿童部	11 995.00	60
00041	PT2	男装部	7 733.90	40
00042	PT2	餐饮部	9 540.00	40
00043	S2	男装部	10 798.45	60
00044	S2	女装部	0.00	0
00045	S1	女装部	4 106.80	35
00046	PT1	女装部	1 729.80	10
00047	AM	化妆品部	8 830.00	50
00048	S2	女装部	0.00	0
00049	S2	男装部	0.00	0
00050	S1	女装部	1 172.25	32.5
00051	S1	鞋类与箱包	0.00	0
00052	PT2	化妆品部	11 125.00	40

实验步骤和要求

根据上述内容的描述和数据，完成下列任务。

① 用 Excel 软件建立一个符合案例情景描述要求的工作表。

② 销售报表需要统计销售额、基本工资、提成、薪水总额的总计、平均

值、最小值和最大值。

③ 应用数据透视表分析销售数据，并比较下列情况：

不同部门的销售情况；

不同部门、不同级别的提成；

不同部门、不同级别的薪水总额。

④ 运用 Excel 提供的各种分析工具，回答以下问题：

上周哪十个销售代表得到了最高的提成？

如果销售人员至少应该完成他的销售任务的 50%，哪些销售人员没有完成这个目标？

对于每一个部门，哪个销售人员的销售额最高？

平均来说，销售人员在多大程度上完成了销售任务？

按照销售职位分类，基本工资、提成和薪水总额分别是多少？

哪一个部门的销售人员完成销售任务的情况比其他部门要好？

⑤ 打印每一份工作表(包括图和数据透视表)，并提交能正常使用并符合案例情景和说明部分要求的电子工作簿拷贝。

⑥ 打印一份工作表的公式。

⑦ 提交上面问题的答案。

⑧ 准备一个口头报告，阐述上述①～④中的各项问题。

4.4 业界动态：商务智能软件的市场格局

伴随着数据分析和智能化技术的不断迭代创新，商业智能至今经历了四次变革。商业智能初期，大型企业上线 ERP、CRM、OA 等企业应用系统，市场主要是 SAP、Oracle、IBM 等老牌巨头，产品智能化程度低且部署成本高，系统相对封闭。随着可视化产品的出现，企业应用系统项目中原有的商业智能初期产品逐步下线，可视化的数据分析型产品进入市场，大量国内外商业智能厂商涌现并迅速发展。2016 年开始，大数据、人工智能、云计算服务逐渐成熟，商业智能产品云端部署能力加强，吸引了很多中小企业用户。同时人工智能、大数据、运筹学等技术的融合，以及对应用场景的梳理打磨，大大推动商业智能产品创新与服务升级。

Gartner 公司每年都会发布 *Magic Quadrant for Analytics and Business Intelligence Platforms* 报告(以下简称 ABI 魔力象限)，描述分析与商业智能

平台的发展走势。Gartner 公司成立于 1979 年，是全球较专业、权威的 IT 研究咨询公司，研究范围覆盖全部 IT 产业。

在如图 4-20 所示的 2020 年 ABI 魔力象限中，Microsoft、Tableau、Qlik 和 ThoughtSpot 都进入了领导者象限，其中 Microsoft(微软公司)更是遥遥领先。Alibaba Cloud(阿里云)是首次进入 ABI 魔力象限，也是目前唯一进入到 ABI 领域的中国厂商。

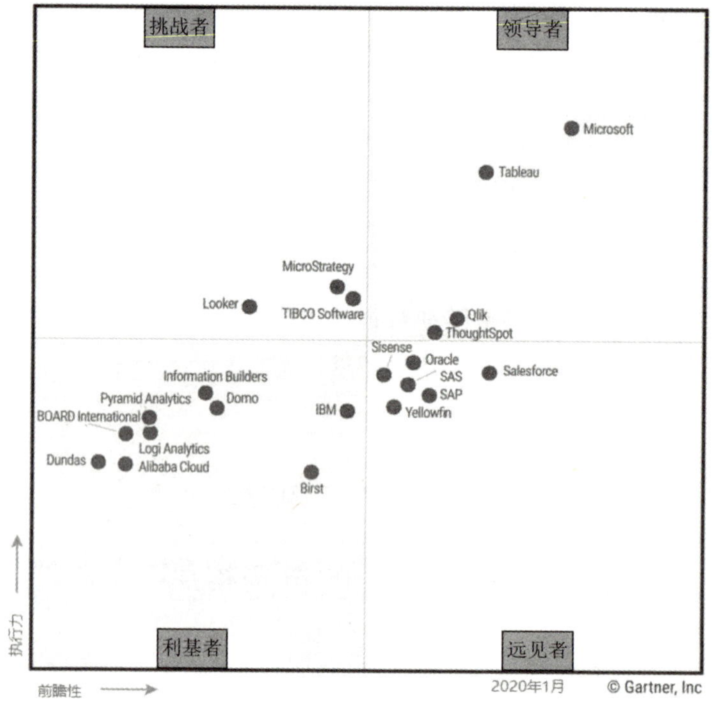

图 4-20　2020 年 Gartner 分析与商业智能平台魔力象限①

微软公司拥有全面和富有远见的产品路线图，并通过 Office 渠道赢到了全球广泛的市场。其主要核心产品 Power BI 具有数据准备、可视化数据发现、交互自助式分析、增强分析等能力，并支持 Azure SaaS 云模式和 Power BI Report Server 本地模式；Power BI Desktop 也可以作为个人的分析工具独立使用。

① Gartner Group，“2020 Magic Quadrant for Analytics And Business Intelligence Platforms,”Gartner Website，2021-05-25.

阿里云作为新进入者，出现在利基市场象限，主要原因是阿里云的主要业务在中国地区，但具备全球化能力。入选的是阿里云中的 QuickBI 分析产品。其实，商业智能在中国的发展和应用速度非常之快，相比美国，中国将技术落地的加速度更快，新兴商业模式拓展力强，但中国商业智能业务的发展仍缺乏全面性与标准化。

思考

① 商务智能软件的发展经历了哪几个阶段？各有什么特点？

② 微软公司的商务智能平台具有哪些优势？阿里巴巴商务智能平台的优势是什么？

4.5 阅读思考：人工智能

2016 年 3 月 9 日，AlphaGo 以 4∶1 大胜围棋世界冠军李世石，有关人工智能的热情和恐慌情绪同时在全世界蔓延，引发了人工智能的热潮。人工智能已经来了，而且它就在我们身边，几乎无处不在。

2017 年，李开复和王咏刚出版了《人工智能》，通俗易懂地介绍了人工智能的发展过程、原理技术、应用创新和机遇挑战。

该书“第二章 AI 复兴：深度学习＋大数据＝人工智能”深入浅出地介绍了前后三次人工智能热潮的发展和各自的特点，尤其以引领第三次人工智能热潮的深度学习作为重点介绍对象，从神经网络介绍到大数据，从谷歌大脑介绍到深度学习“三巨头”。

该书“第四章 AI 时代：人类将如何变革？”介绍了自动驾驶、智慧金融、智慧生活、智慧医疗等人工智能最重要的应用创新领域。人工智能绝不仅仅是一场技术层面的革命，它正在与重大的社会经济变革、教育变革、思想变革、文化变革等同步。从 2017 年至今，我们越发能够感受到人工智能在我们生活的各个领域无处不在，而且带来各种创新和颠覆。它很可能成为人类社会的一次大发现、大变革、大融合、大发展的开端。

请阅读《人工智能》一书的第二章和第四章，了解机器学习、深度学习的基本原理，理解自动驾驶、智慧金融、智慧生活、智慧医疗等行业领域中人工智能的应用、作用以及对这些领域传统模式的颠覆。

第 5 章　企业应用系统

企业资源计划系统、供应链管理系统、客户关系管理系统、商业智能系统、知识管理系统等都是现代企业信息化过程中最常见的应用系统，它们是面向企业基础业务和应用，或者面向更高层次的管理和决策支持系统，从不同层面支持企业实现从数据管理到信息提炼再到知识洞察的增值过程。本章除了介绍这些企业应用系统的主要原理和功能外，还通过案例分析等来理解企业应用系统对于企业的价值，不只系统本身，更重要的是系统和企业如何有效地甚至创新地结合在一起。

5.1　知识要点

5.1.1　企业资源计划系统

1. ERP 的概念

ERP(Enterprise Resource Planning)，又称企业资源计划，由美国著名管理咨询公司 Gartner Group 于 1990 年提出。ERP 的概念和理论是西方企业管理方法历经半个多世纪发展的结果。从 20 世纪 40 年代的订货点法，到 60 年代的物料需求计划(Material Requirement Planning，MRP)、闭环 MRP，制造资源计划(Manufacturing Resource Planning，MRPII)，最后到 90 年代的企业资源计划 ERP 沿用至今。

ERP 基于信息技术，利用先进管理思想，对企业范围内的信息流、资金流和物流进行全面集成的管理，为企业的决策、计划、控制和经营提供全方位、系统化的支持。ERP 系统在业务的设计实现上，体现了供应链管理的思想，体现了精益生产与敏捷制造的思想，体现了事先计划、事中控制和事后反馈分析的思想，对于很多行业，尤其是制造业的管理现代化具有十分重要的作用。

目前，ERP 提供商主要有德国的 SAP、美国的 Oracle，国产 ERP 有用友、金蝶等。

2. ERP 的功能

ERP 的功能对于不同行业有很大差别。对于制造业来说，ERP 可以包括销售与分销管理、生产计划、物料需求计划、能力需求计划、制造执行管理、采购与库存管理、财务与成本管理、人力资源管理、客户服务、供应链管理、工厂与设备管理、质量管理等功能。而银行业的 ERP 主要涉及银行的财务会计、组织成本管控、人力资源管理、风险管理等。

在很多行业中，ERP 作为企业管理的信息系统，与企业核心业务系统还是不一样的。银行业的核心业务系统主要处理银行的存款、贷款、资金、外汇、银行卡、客户信息等具体业务的实现，而银行业 ERP 主要从管理层面上对银行运作在财务会计、成本管控、人力资源管理等方面进行信息化的支持。在医院里，医院信息系统(Hospital Information System，HIS)就相当于医院的 ERP 系统，主要关于医院管理运作，实现对医院人流、物流、财流的综合管理，比如病人的医疗费用管理、药品的库存与发放管理、人事档案管理等，以提高医院管理效益为目的；而临床医疗系统(Clinical Information System，CIS)是医院的核心业务系统，以病人为中心，以基于医学知识的医疗过程处理为主要内容，直接为病人的临床医疗、护理服务提供服务，以提高医疗质量、实现医院最大效益为目的。

3. ERP 实施

ERP 项目是一个庞大的系统工程，它涉及面广，投入大，实施周期长，难度大，存在较大风险，需要采取科学的方法来保证项目实施的成功。一般在实施中需要注意以下问题。

① 最高决策者的参与。最高决策者最了解各项战略决策中的信息需求，也是最终决定管理机构调整的决策者。他们可以从企业战略的角度出发，确认自顶向下的全局范围的信息结构和流程，提高开发效率。同时最高决策者管理着各个子系统高层管理者，当出现争议和问题时，可以出面解决。

② 业务流程重组和机构重组。ERP 是面向工作流的，它实现了信息的最小冗余和最大共享。传统需要几个步骤或几个部门来完成的任务，在实施 ERP 系统之后简化了很多。因此企业要让 ERP 系统发挥作用，有必要在业务流程和组织机构方面进行重组，使之符合 ERP 的实施要求。

③ 全体员工的参与。ERP 覆盖企业的每个业务细节，而普通员工才是最终的操作者，没有全体员工的参与和支持也是不可能成功的。

④ 数据的规范化。ERP 系统实现了企业数据的全局共享，作为一个管理信息系统，它处理的对象是数据。数据规范化是实现信息集成的前提，在此基础上才谈得上信息的准确、完整和及时。所以实施 ERP 必须要花大力气准备

基础数据。

上述这些重要问题不仅在ERP实施过程中具有重要影响，在大部分企业信息系统的实施中都是至关重要的问题，必须引起足够重视。

5.1.2 供应链管理系统

供应链(Supply Chain)是指产品生产和流通过程中所涉及的原材料供应商、生产商、分销商、零售商以及最终消费者等成员通过与上游、下游成员的连接而组成的网络结构。

供应链管理(Supply Chain Management，SCM)就是在满足客户需求的条件下，对整个供应链(从供货商、制造商、分销商到消费者)的各个环节进行综合管理，包括从采购、物料管理、生产、配送、营销到最终用户的整个供应链中涉及的货物流、信息流和资金流，把物流与库存成本降到最低。供应链管理包括计划、采购、制造、配送、退货五大基本内容。

一般，供应链管理系统的四个主要模块是采购管理模块、生产管理模块、销售管理模块和库存管理模块。SCM系统和ERP系统看上去有很多功能相似，但它们之间也有一些区别。

① 管理内容不同：ERP针对的是企业内部业务流程的系统化管理，而SCM覆盖了供应链中的所有环节，包括对企业外部物流、资金流、信息流的集成。

② 直接目的不同：ERP强调的是企业资源的最优配置，而SCM则强调供应链环节最优。

③ 涉及对象不同：ERP以企业内部为对象，主要的优化行为是从自己出发的；而SCM则是以整个供应链为对象，是从整个链条出发的。SCM和ERP其实是一种互补的关系，ERP对于供应商管理这块的关注度并不够，而SCM则有效地补充了ERP的这一劣势。

5.1.3 客户关系管理系统

客户关系管理(Customer Relationship Management，CRM)是一个不断加强与顾客交流，不断了解顾客需求，并不断对产品及服务进行改进和提高以满足顾客需求的连续过程。

CRM是以客户为核心的企业营销的技术实现和管理实现。其核心思想是：客户是企业的一项重要资产，客户关怀是客户关系管理的中心，客户关怀的目的是与所选客户建立长期和有效的业务关系，在与客户的每一个“接触点”上都更加接近客户、了解客户，最大限度地增加利润和提升利润占有率。因此，客户关系管理首先要帮助企业识别客户，在此基础上，保留住最有价值客户，实现他们的终身价值最大化。

客户关系管理系统集成了面向客户的销售、市场和服务的过程，提供一种面向客户的全企业范围的观点。系统跟踪企业和客户交往的所有方式，并分析这种交往，以实现客户对企业的终身价值最大化。客户关系管理系统能从整个组织中捕捉并集成客户信息，分析这些数据并把这个结果传递给企业中与客户相关的系统和客户接触点(Touch Point)。所谓接触点是一种和客户交流的方式，比如电话、电子邮件、客户服务台、微信、微博以及传统邮件等。在和客户交往时，企业可应用这些客户知识来向他们提供较好的服务或向他们销售新的产品和服务。这些系统也可以识别获利或非获利的客户，或识别机会以减少客户波动率。

客户关系管理系统主要支持销售、市场营销和客户服务与支持三大业务的管理和决策。

1. 销售

销售团队自动化(Sales Force Automation，SFA)是CRM软件中的重要应用之一。SFA向销售人员提供平台和工具，提高专业销售人员在销售过程中的自动化程度，目的在于提高工作效率，更好地为客户服务。SFA的功能一般包括日历和日程安排、联系和客户管理、佣金管理、商业机会和传递渠道管理、销售预测、建议的产生和管理、定价、区域划分、费用报告等。

2. 市场营销

基于信息技术的市场营销自动化可以辅助实现市场营销活动计划的编制和执行，计划结果的分析，预算和预测，营销资料管理，对有需求客户进行跟踪、分析、分销和管理等。市场营销自动化不局限于提高销售人员活动的自动化程度，其目标是为营销及其相关活动的分析设计、执行和评估提供详细的框架。在很多情况下，市场营销自动化和SFA是补充性的。

3. 客户服务与支持

很大程度上，客户的保持和提高客户利润贡献度依赖于提供优质的服务。因此，客户服务和支持对很多公司来说是极为重要的。在CRM中，客户服务与支持主要通过呼叫中心和互联网实现。客户服务与支持的典型应用包括：客户关怀，纠纷、次货、订单等的跟踪服务，现场服务，问题及其解决方法的数据库，维修行为安排和调度，服务协议和合同，服务请求管理等。

从数据处理方式的视角，主要的 CRM 软件包分为操作型客户关系管理系统和分析型客户关系管理系统。

操作型客户关系管理(Operational CRM)系统包括面对顾客的应用系统，如销售团队自动化、销售中心和客户服务支持以及市场自动化等。

分析型客户关系管理(Analytical CRM)系统主要是指运用数据库、统计工具、数据挖掘、OLAP 等技术，获取、分析及应用与顾客相关的各种数据信息以及接近顾客的方法手段。

5.1.4 知识管理系统

知识管理(Knowledge Management，KM)是为了挖掘和保持知识价值而提出的一种新的管理理论和方法。信息时代，知识已成为最主要的财富来源，而知识工作者是企业最有生命力的资产，组织和个人的最重要任务就是对知识进行管理。知识管理将使组织和个人具有更强的竞争实力，并做出更好的决策。这里的知识管理指的是组织知识管理，是指组织为创造、存储、分发和应用知识资源而开发的组织过程的集合，它可以帮助组织将 IT 的信息处理能力同组织成员的创新能力结合起来，提高组织的适应力、生产力和竞争能力。

一般来说，知识管理的核心活动包括知识的获取、共享、应用和创新等一系列知识处理过程，如图 5-1 所示。

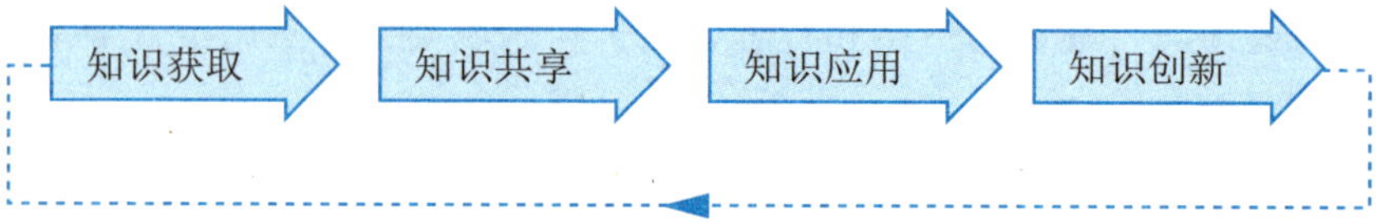

图 5-1　知识处理过程

知识获取是指对现有知识进行收集、分类和存储的过程，其结果是把企业知识资源以清晰合理的模式和科学有效的模型加以表示和组织。知识共享是在知识清晰表达的基础上进行交流，把知识传递给需要的人。知识应用是指获得所需要的知识后去解决问题的过程。而知识创新是在知识应用于实践的过程中，产生新的知识的过程。由此可见，知识获取阶段的知识模型是开展企业知识管理和开发知识管理系统的基础，它帮助人们识别知识、表示知识、存储知识和学习知识，是进一步进行知识共享、应用和创新的来源。

根据知识能否清晰地表述和有效地转移，组织中的知识可以分为隐性知识和显性知识。

隐性知识(Tacit Knowledge)是高度个性化而且难以明确表达的知识，比如，理解、直觉、预感等。

显性知识(Explicit Knowledge)指“能明确表达的知识”，即人们可以通过口头传授、教科书、参考资料、期刊杂志、视听媒体、软件和数据库等方式获取，也可以通过语言、书籍、文字、数据库等编码方式传播，容易被人们学习。

知识管理系统(Knowledge Management Systems，KMS)是企业实现知识管理的平台，通过将企业中的各种知识资源，包括显性知识和隐性知识，整合为动态的知识体系，以促进知识创新。通过知识创新能力的不断提高带动劳动生产率的提高，从而提高企业的核心竞争力。

在显性知识的组织方面，企业应该充分借助于现代信息技术，建设自己的知识库。企业知识库是显性知识的存储库，它的建设应该以企业业务流程和企业知识体系结构为基础。对于显性知识，不仅需要对书籍、设计图纸、业务文档等进行管理，也应该重视组织中电子邮件、会议记录(包括视频)等资料的管理。

在隐性知识的组织方面，由于它存在于员工的头脑中或组织结构和文化中，无法用语言或书面材料进行准确描述，因此不易被他人获知，也不易被编码。但它在企业知识中的比重比较大，而且价值通常也非常高。因此，一则企业必须重视和做好隐性知识显性化和编码化工作；二则可以在信息技术方面建立知识网络系统，利用索引和相应工具把知识定位于人，通过知识地图，为公司员工提供找到知识的途径，从而能够使需要知识的人与拥有知识的人之间进行交流，促进知识共享。

知识管理的实施需要从管理和技术两个层面相辅相成综合进行。从管理层面，要建立相关的企业制度和企业文化。企业制度包括明确企业知识资产(比如制定知识资产框架、知识管理流程和规则)和制定员工激励机制，从而加强管理者对知识管理的重视并鼓励员工积极共享和学习知识。企业文化包括企业共享文化、团队文化和学习文化，帮助员工破除传统独占观念，加强协作和学习。从技术层面，需要建立知识管理平台，它是一个支撑企业知识收集、加工、存储、传递和利用的平台，通过互联网、内联网、外联网和知识门户等技术工具将知识和应用有机整合。在平台之上，要运行一套能够辅助实现知识获取、存储、共享和应用的综合系统，通过文件管理系统、群件技术、搜索引擎、专家系统、知识库等技术工具，使企业显性知识和隐性知识得到相互转化。

5.2 案例分析：青岛啤酒如何应对“啤酒效应”①

20世纪60年代，MIT的斯特曼(Sterman)教授做了一个著名的试验——啤酒销售流通试验。这个试验中有四组学生分别代表消费者、零售商、经销商、厂家，由此形成一个简单的供应链。试验要求：任何上、下游企业之间不能交换任何商业资讯，只允许下游企业向上游企业传递订单，消费者只能将订单下给零售商。结果表明，供应链中各节点企业之间资讯的不对称以及为了追求自身利益的最大化，造成需求资讯在供应链内部传递时失真了。啤酒效应(Beer Effect)并非仅是啤酒行业的现象，而是营销流通领域的一种普遍现象。它暴露了供应链信息传递中的问题：不对称的信息往往会扭曲供应链内部的需求信息，从而导致供应链失调。

青岛啤酒始建于1903年，是中国历史最悠久的啤酒生产企业。青啤百年辉煌业绩之下，也无法隐藏起对啤酒效应的苦恼。啤酒的生产需要经历发酵、制作等工艺，一般的制造周期是半个月到一个月。啤酒新鲜度对啤酒口感和品质有着直接影响，青岛啤酒为了保证消费者在最短时间内喝上最新鲜的啤酒曾提出“让青岛人民喝上当周酒，让全国人民喝上当月酒”的口号。青啤过去主要从减少库存、改进运输计划管理、降低交易成本和改进供应商管理等传统方式来降低运营成本。但啤酒属于快销产品，其分销网络十分复杂，除了一级、二级经销商、分销商外，分销网络还涉及大中小型超市，甚至便民店。但由于缺乏合理的供应链管理和需求采集通道，特别在冬、夏淡旺两季，销售计划不能通过通畅的供应链条传递给生产，造成了重复生产、不均衡生产的现象，部门抵消了集中物流所产生的效益，使得“三天准时发货率”的关键指标长期徘徊在70%左右，难以提高。青岛啤酒决定从内外两部分供应链管理着手，在管理模式和信息系统上匹配发力。

为适应不断扩大和继续扩大的业务需求，青啤决定构建以青啤总部为核心的卫星式供应链管理模式，历时十几年逐步通过“特区制”“事业部制”和“总部一体化制”三步管理模式的转型，完成集团统一供应链管理平台的搭建。其中，青啤总部在供应链中扮演“中心”的角色。青啤的内部供应链管理建立在这个统

---

① 参考《中国信息化周报》2014年1月20日《青岛啤酒：供应链管理破解“啤酒效应”》和2015年11月9日《青岛啤酒：信息化重塑百年企业新辉煌》进行撰写。

一平台上，从供应商、生产厂到销售公司、办事处，再到一级批发商、二级批发商，形成一个完整的链条。

在这个供应链管理平台上，青岛啤酒逐步搭建信息管理系统。早在1999年，青岛啤酒将啤酒内部供应链模块划分为计划和执行两个层面区分管理。计划层面专门针对青啤内部生产供应计划进行管理，包括数据收集、需求计划、需求共识、供应计划、供需平衡、发布计划及监控计划执行六个环节。系统基于历史销量数据建立销售预测系统，同时支持各协同业务单位通过共享的信息平台实现销售运作计划的处理，从而提升预测准确度水平，为工厂生产与市场销售建立快速响应的信息通道。另外，执行层面包括采购、订单处理、生产、库存、经销商管理等。青岛啤酒采用Oracle的全套软件产品依次对供应链上的各系统模块进行实施，比如ERP采购模块、ERP订单处理模块、仓储管理(WMS)模块、客户关系管理(CRM)模块。

在青岛啤酒的所有信息系统中，与其供应链管理系统密切相关的还有两个系统：全自动化生产控制系统和制造执行系统(MES)。青岛啤酒各生产厂均实现了自动化控制系统，包括制造麦芽、车间控制、糖化、发酵车间控制、包装车间控制、动力车间控制等主工序系统及一些辅助工序系统。MES系统可以全程记录工厂生产线在线数据，通过对比及时发现生产过程中能源和质量的异常变化，预测出生产数据的异常结果，及时调整生产过程。

对于外部供应链，青岛啤酒统一规划分销网络和区域。设立中央仓和区域仓优化了全国性物资调配模式，减少了各环节上的库存量，避免了许多不必要的库存成本消耗；青岛啤酒与招商局共同组建的合资物流公司，全面处理青岛啤酒的全国物流业务。信息技术为企业的深度分销提供了必不可少的载体。青岛啤酒将自己的Oracle系统与招商局物流SAP系统进行对接，以SAP系统作为物流执行信息系统，将库存、订单及财务等各模块的相关数据与Oracle系统中的数据进行核对，产生正确数据，为青岛啤酒销售公司的决策提供相关支持。

通过供应链管理项目的实施，青岛啤酒在销售、仓储、物流配送、生产各个环节实现高效协同，减少供应链上的存货数量，加速对客户需求的反应能力。目前已上线区域的三天及时发货率普遍提升到85%以上，月需求提报准确率达到75%以上，周需求提报准确率达到65%以上。

自2001年起，青岛啤酒分别从财务、采购、库存、制造、分销、供应链、客户关系、物流配送、项目、设备、人力资源管理和办公自动化等多个方面纷纷实现信息化管理。下一步，青岛啤酒信息化工作的重点是实现供应链管理系统、集中生产管理和全自动化生产控制系统无缝衔接，从而进一步提高整体供应链运营计划的质量，加强对企业战略的执行力。

思考

① 为什么供应链管理会成为青岛啤酒信息系统建设的重点？

② 青岛啤酒的供应链管理平台上，都有哪些具体的信息系统类型？它们分别对应什么需求或者解决什么问题？

5.3 案例分析：京东打造智慧供应链

2016年京东财报显示，京东净利润为10亿元人民币，首次实现年度盈利。京东在中国网购消费者心中以其快速稳定的物流配送而著称，211、极速达、京准达、次日达、隔日达等一系列特色配送服务让消费者对京东物流配送颇有安全感，满意度更高。从2007年7月1日，京东建成北上广三大物流体系，一直到2017年京东物流子集团成立。长期以来，京东对物流仓储近乎偏执的重金投入，再加上烧钱的电商价格战，都让京东在账面上不那么好看。但是，经过长时间摸索，京东在物流和供应链管理上建立了一套成熟的体系，打造了扎实的竞争优势。

截至2017年9月底，京东在全国有405个仓库，存储场地总面积将近900万平方米，有9个亚洲一号(自动化分拣场地，如图5-2所示)，有中小件网、大件网、冷链网、众包网(达达)、B2B网和跨境网6大物流网络。京东的亚洲一号仓目前代表了国内零售物流仓储体系的最高水平，有立体多层货架摆放，也有购物篮数据分析驱动的仓储货品堆放结构，有自研的仓库管理系统WMS，实现了仓储成本效益最大化，不仅大，而且省。这是硬实力，但软实力——智慧供应链的打造才是关键！

中国整体的供应链管理本身还处在初级阶段，京东的优势在于体量足够大，上下游覆盖全面，因此在优化供应链体系过程中，在选品和价格、库存，特别是协同管理方面摸索出来的失败和成功的经验，对于行业来说都具有重要意义。供应链是一个整体，没有一枝独秀。京东在这个链条上的重要位置，让整个链条都跟着京东走，京东需要在这方面有前瞻意识和行业领袖的担当。另外，中国消费升级趋势日益突出，实现了从“网购便宜”到“网购品质”的转变，京东不能再靠打价格战去烧钱，必须以客户价值为中心修炼内功。供应链管理是刘强东确定的一个重要突破口。

堆垛机

自动分拣机

图 5-2　亚洲一号

面对京东庞大的订单量，供应链系统要智能分配订单配送，使仓库、分拣点、配送站等节点实现路径最优化，缩短订单履约时间。京东还在电商界率先做出了详尽的订单物流跟踪系统，让消费者能看到自己的订单走到哪里了，现在已经成为行业普遍采用的产品机制了。依托订单数据的挖掘，按照订单区域密集度来选址建仓，优化物流拓扑，结合干线运输效率的匹配，京东的物流配送效率可以实现路径最优化。

从 2012 年开始，京东着力打造智慧供应链。2016 年 6 月和 11 月，京东商城分别成立了 X 事业部和 Y 事业部，这是京东出于对未来零售布局的考虑。X 事业部主要是对智慧物流研发布局，主要是无人车、无人机、无人仓。Y 事业部致力于智慧供应链的研发，其核心是围绕数据挖掘、人工智能、流程再造和技术驱动四个源动力，整合形成京东“商品、价格、计划、库存、协同”五大领域的智慧供应链解决方案，用技术帮助京东商城与合作伙伴解决“卖什么、怎么卖、卖多少、放哪里”的问题。Y 事业部的内部架构共有两大层：第一层是产品经理、供应链专家，他们了解业务，具有采销和行业供应链的实战经验；第二层是纯技术人员，他们拥有数学、人工智能、还有运筹学等方面经验。因此，京东的智慧供应链基础实际上是先做好信息化再做好人工智能。

Y 事业部成立至今，在供应链方面做的优化已经卓有成效。目前，智慧供应链的重点为大数据选品、动态定价、智慧预测计划和智能库存。

京东目前有 300 万个库存量单位(Stock Keeping Unit，SKU)的自营商品。

在商品极大丰富的今天，不能简单粗暴地把所有商品都拿到京东上来卖，要选择最贴合消费者的商品。把商品“分好堆”就是要知道——哪些SKU是消费者最需要的，哪些是要赚净利的，哪些是赚毛利的，哪些是赚流量的。针对京东目前的商品量，必须要有数据和算法分析的帮助，才能更好地给商品分堆。

定价要考虑的因素很多，比如产品的生命周期、竞争信息、促销信息、优先毛利还是净利、季节因素等。另外，还要考虑到消费者购买某种产品时，对价格的敏感性可能不同，比如购买大米可能主要考虑是否是新米等。通过数学建模能够较好地解决智能动态定价的问题。

智慧预测技术被称为整个供应链的大脑。京东商城400万种在库产品库存周转天数是37天左右，京东正使用人工智能技术对所有的产品未来7天、14天、28天、半年、全年的销售进行预测，指导库存的自动补货。京东从2012年开始打造智慧供应链，就在尝试这块业务。京东的专业人员先从个别品类的自动补货进行测试，扩展到图书、消费品等垂直领域，不同品类的算法并不一致，逐步完善。到2017年年底，在消费品、服饰家居、大家电、3C数码四个品类自动补货系统将覆盖80%以上的采购场景①。

对外，京东正在把人工智能平台进行深入的打造和更平台化的建设，组建和抽离一些应用，正如Y事业部发布的零售人工智能算法平台(Y AI Platform for Retail Business，YAIR)，集成了预测平台、运筹优化平台、模拟仿真平台、舆情分析平台四大平台，将会逐步开放给京东的战略供应商使用。例如，2016年京东“6·18大促”中，某战略供应商通过协同平台与京东开展了联合销量预测及联合促销计划，“供货满足率”从60%提高到87%，在京东商城的“产品有货率”从78%提高到90%。2017年Y事业部计划借助供应商协同平台，实现百家战略供应商接入京东智慧供应链系统，以节省沟通成本，协同供应商进一步降低零售供应链的成本，提升效率，为消费者提供更好的购物体验。

可以说，智慧供应链的发展，不仅会全面提升制造业、零售业的效率，更会了解消费者的喜好，从而驱动企业做出更贴近消费者的商品，提供更贴近消费者的服务，对于商业的发展和消费者的选择将会是更进一步的升级。

在已经形成的智慧供应链基础之上，京东正在携手供应链合作伙伴成立“京东供应链学院”。目前，美国营运管理协会(APICS－SCC)、中欧供应链与服务创新中心、荷兰价值链学院(The Value Chain Academy)已成为“京东供应

① 2017年3月2日，京东Y事业部战略发布会上公布的数据。

链学院”的第一批战略合作伙伴。毫无疑问，京东在智慧供应链这条道路上的探索将会成为京东最为重要的战略优势。

思考

① 登录京东网站，找到“Investor Relations”板块，获取京东自上市以来的财务报告；从报告中摘取京东这几年的发展信息，尤其是在物流与供应链建设上的投资和进展。

② 了解京东整体的组织结构，京东的 X 事业部、Y 事业部在整体组织结构中处于什么位置？分别侧重什么业务？

③ 目前，京东在物流仓储的硬件设施上发展到了什么程度？在软件层面上京东在着力打造什么？

④ 京东的智慧供应链着力打造哪些功能？这些功能解决什么问题？怎么解决？对京东的战略发展有哪些帮助？

5.4 业界动态：CRM 的市场趋势[①]

根据海比研究的数据显示，CRM 领域 2012 年中国市场规模为 14.25 亿元人民币，2017 年增长为 43.48 亿元人民币，其中，国产品牌市场规模为 30.62 亿元人民币，占比 70.4%。这里主要是指销售管理市场以及连接客户的营销管理市场，不包括呼叫中心、智能客户、营销技术、营销广告、数字营销等市场。

1. 细分市场

2017 年 CRM 在各个细分市场的竞争格局已有了一定的层次结构。当前，CRM 软件市场可以分为以下五大阵营，并呈现相互渗透的现象。

第一大阵营厂商的核心产品是销售管理、销售漏斗。这些厂商产品最大的价值是，帮助老板更有计划地完成自己的销售业绩，但这些产品本身不会对销售人员的工作有很好的促进作用，也不会带来销售额的额外提升。

第二大阵营厂商的核心产品是帮助销售人员做营销、实现销售人员连接客户。这些产品的最大价值是他们的出发点是帮助销售人员解决销售过程中的难题，并且在这个过程中将相关数据和流程收集起来，自动地为企业领导提供销售管理与预测服务。

① 根据中国软件网 & 海比研究的《2018 中国 CRM 趋势洞察报告》改编。

第三大阵营厂商的核心产品是营销渠道的管理。这些产品的最大价值是帮助企业实现第三方电商、自有电商、线下商店、微店、电话营销等各个营销渠道的统一管理。这种产品能帮助企业更好地统筹各个渠道的销售管理，最大化利用各个渠道的优势，从而为企业带来更好的销售。

第四大阵营厂商的核心产品是客户服务。其产品的最大价值是提升客户服务的效率和满意度，并在此基础上进一步实现销售。典型代表有两类厂商，一类是智能客服，一类是呼叫中心等。

第五大阵营厂商的核心产品是数字营销内容及其管理。其产品的最大价值是帮助企业实现数字营销的制作、发布、管理及客户信息的反馈与回流，从而实现企业与客户的连接、转化等。他们能给企业带来更多的粉丝，并实现与他们的连接和互动，从而提升销售业绩。

2. 云化转型

无论是国外品牌还是国内品牌，无论是厂商还是企业用户，云化转型均是未来几年的关键词之一。从市场所占份额来看，目前 CRM 的 SaaS 占比为 28.9%。SaaS 模式与本地部署模式之间的竞争态势，呈现出以下三个特点：① SaaS 厂商基本成为 CRM 各个细分市场的领头羊厂商。② 从需求侧来看，SaaS 还没有被大多数所接受。从现在的交付情况来看，很多企业客户，尤其是大型企业，还是要求本地部署。③ 传统本地部署的厂商开始加速向 SaaS、向云转型。

3. 排名

总体来看，综合市场份额、产品竞争力、服务竞争力、品牌影响力等要素，海比研究分析认为，国内市场中 CRM 厂商排名如下：Salesforce、用友营销云、六度人和 EC、Oracle、销售易、红圈营销、神州云动 CloudCC、SAP、微软 CRM、纷享销客。但同时，这种格局并不稳定，尤其是来自国内品牌的竞争，未来会更为激烈。

国内品牌的 CRM 厂商在产品技术方面和 Salesforce 等国外厂商还存在较大差距。这种差距主要表现在产品顶层设计、框架设计，以及技术架构平台、与 AI 结合等方面。同时，在大客户尤其是跨国集团公司的竞争方面处于劣势。在客户全生命周期运营等先进理念的引领方面，也存在较大差距。

思考

① CRM 软件的细分市场都有哪几类？各自侧重什么功能？有什么特点？

② CRM 为什么要向云端模式发展？

③ CRM 的主要厂商都有哪些？通过 Gartner 关于 CRM 的魔力象限报告，总结国外 CRM 厂商都有哪些？国内厂商和国外厂商存在哪些差距？

5.5　体验性实验：中国移动客户服务平台

中国移动通信集团有限公司(简称“中国移动”)成立于 2000 年，注册资本 3 000 亿元人民币，资产规模超过 1.7 万亿元人民币，员工总数近 50 万人。中国移动连续 19 年入选《财富》世界 500 强企业，2019 年列第 56 位。

截至 2019 年 6 月，中国移动总基站数已达到 398 万个，移动总用户 9.3 亿户，是全球网络规模最大、客户数量最多、品牌价值和市值排名位居前列的电信运营企业。

实验步骤和要求

① 登录中国移动的网上营业厅，通过亲身操作，体验并记录网上营业厅为你提供的各项服务，通过这些服务，你能查到什么信息？

② 思考以下问题：中国移动是否还有其他提供客户服务的接触点？如果有，是什么？他们提供什么服务？你能查到关于你的什么信息？这些信息和网上营业厅中查询到的信息是否相同？

5.6　设计性实验：JG 公司的知识管理方案的设计

JG 公司是一家主要为银行、证券、保险等金融机构提供业务咨询、培训、应用软件和 IT 系统实施的专业服务公司，重点专注于客户关系管理和财富管理领域。公司总部设在北京，其组织结构如图 5-3 所示。

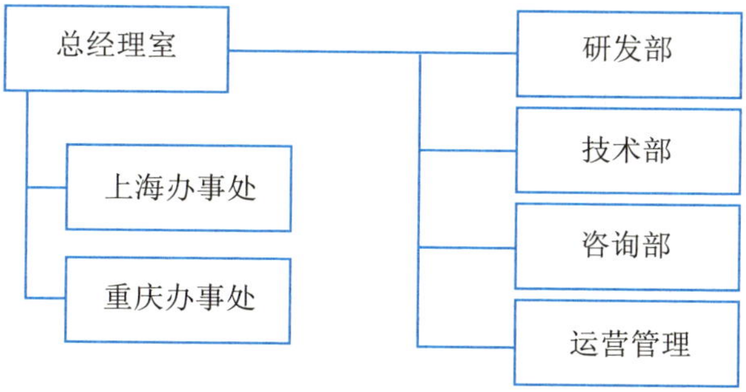

图 5-3　JG 公司组织结构

在咨询业务方面，JG 公司目前主要为客户提供以下两种形式的服务：

① 以“咨询项目”的形式帮助客户解决问题；

② 为金融机构从业人员提供服务、营销、理财知识方面的"专题培训"。

管理咨询工作本身就是以知识为核心的业务。目前，JG公司咨询业务繁忙，业务扩展迅速，对知识获取和共享的需求十分明显。但目前，公司在知识管理上仍然存在以下问题。

① 企业业务多以项目为单位开展，但目前项目管理相对独立，项目中的文档无法在项目之间查询和共享。

② 公司管理人员和咨询顾问工作地点分散在全国各地，工作地点经常变动，地理上的分隔为知识的共享设置了障碍。

③ 咨询顾问的评价和管理没有更科学、准确的标准。目前，咨询顾问的绩效考核主要参考以工作时间计量的工作量，这是由于知识管理的欠缺还不能实施以知识贡献和业务贡献为基准的考核办法。

④ 不同知识资产对公司核心竞争力的重要程度不同，但目前对于这些知识资产的重要程度的划分和文档可获取标准还没有建立，导致重要知识资产的外流。

随着业务的不断发展，JG公司希望通过实施"知识管理系统"将各项咨询业务中不断获得的信息和经验进行收集、管理和分享，挖掘和共享高价值知识，提高知识的利用效率，从而改善企业的创新能力和应变能力。

JG公司对于知识管理方面的具体需求如下：

① 不同类型的用户使用该系统时对知识的操作权限不同。系统用户包括总经理、部门经理、项目经理和咨询顾问四级知识管理和操作人员。另外还需要有系统管理员作为系统的主要维护人员。在系统中各种用户的主要使用功能如表5-1所示。

表5-1 用户和他们的使用功能

角色	使用功能
总经理	知识访问权限设置 知识查询 提交知识
部门经理	知识访问权限设置(部门级) 知识审核 员工绩效管理 知识查询 提交知识

续表

角色	使用功能
项目经理	知识访问权限设置(项目级) 知识审核 员工绩效管理 知识查询 提交知识
咨询顾问	知识查询 提交知识
系统管理员	知识库维护 统计报表

② 按照不同的方式管理企业中的知识。咨询项目从开始到完成通常经历售前沟通、项目启动、调研、诊断分析、方案实施、总结验收等几个阶段，每个阶段都会产生大量的文档资料，重要文档如表 5-2 所示。

表 5-2　项目文档

项目阶段	文档
售前沟通	《方案建议书》《项目合同》
项目启动	《项目工作说明书》《启动会汇报材料(PPT)》
调研	《项目分析问题树》《调研工具》(包括：访谈提纲、客户调查问卷、观察记录表……)、《客户提供文档资料》《通过公开途径收集相关项目资料》《调研反馈资料》(包括访谈记录、客户调查问卷统计表……)
诊断分析	《调研报告及项目实施方案》《调研汇报材料》
方案实施	《项目实施周报》
总结验收	《总结汇报材料》
其他	《项目实施中提供的专题培训》

除了和项目相关的正式文档资料之外，公司的员工还经常收集或者总结各种和业务相关的资料、信息，这些文档的格式以及描述比较自由。

公司希望通过 KMS 能将上述各种格式的文档进行汇总保存，并实现以下管理功能：一是文档相关信息的记录，包括所属项目、创建人、最后修改日期、文档摘要描述等；二是文档及相关信息的更新。

③ 知识搜索。公司希望至少能够实现以下几种基本的搜索方式：按照项目、阶段进行搜索(找到某项目某阶段全部资料)、按照关键字进行搜索(找到某主题相关资料或者包含某些关键字的资料)，并希望能够提供其他更为方便的搜索思路。

④ 对信息提供者进行评分。为了鼓励咨询顾问能够积极、主动地提供自己的经验，分享自己掌握的信息和知识，我们希望KMS能够提供一种评分机制，根据每个信息提供者提供信息的数量、有效性(价值)进行定量评价，通过某种积分制度进行鼓励。

实验步骤和要求

① 针对上面描述的实际情景和问题需求，初步为JG公司设计一个知识管理的方案，阐述你所提供的功能对知识进行管理的方式方法。该方案需要充分发挥创新意识，利用你对于信息技术和信息系统的理解，深入挖掘企业对知识进行管理的手段和方法。

② 以小组为单位采用Word软件提交一份书面报告，并进行口头汇报，小组之间交流设计思路，共享创新。

第 6 章　电子商务

电子商务是管理信息系统依托互联网平台发展的新范畴。互联网不仅使很多传统商务活动能以新的平台、新的方式得以实现，而且在新的竞争环境和规则下带来了许多超越以往的创新性的商业模式和商务活动。本章从电子商务的广义视角出发，介绍了这些新竞争环境和规则，并结合案例着重分析了几种主流、经典的基于互联网的商业模式。

6.1　知识要点

6.1.1　电子商务的概念和类型

企业通过包括互联网在内的计算机网络来开展各种业务，我们一般称为电子商务。在不同情境下，电子商务的概念有广义和狭义之分。广义电子商务(Electronic Business)是指用数字技术和互联网执行企业中的主要业务活动，这些业务活动包括企业内部管理的主要活动，也包括与供应商和其他企业伙伴之间的各种活动，同时还包括狭义电子商务(Electronic Commerce)所涉及的通过互联网买卖产品、服务以及支持这些市场活动的广告、推销、客户支持与服务、支付等业务职能。在此需要说明的是，2016 年马云提出的“新零售”概念认为，“电子商务”会成为传统概念，未来会是线下、线上、物流结合的“新零售”模式。我们认为此处所说的电子商务指的是狭义电子商务的概念，广义电子商务远不只零售那么简单，新零售的含义主要对应的是狭义电子商务中的网络购物方面。

电子商务常见的分类方式是按照交易的性质或者交易参与方之间的关系进行分类，常见的电子商务模式有：① 企业—企业(Business to Business，B2B)：指企业与企业之间进行的商务模式；② 企业—消费者(Business to Consumer，B2C)：是企业面向个体消费者提供产品和服务的零售商业模式；③ 消费者—消费者(Consumer to Consumer，C2C)：消费者直接与其他消费者进行交易；④ 企业—企业—消费者(Business to Business to Consumer，B2B2C)：一家企业向另一家企业或者平台提供某些产品或服务，再通过这家企业把产品和服务提供给消费者；⑤ 消费者—企业(Consumer to Business，C2B)：这种模式包括个人消费者利用互联网向企业销售产品或服务，也包括个人消费者寻求卖主、对产品或服务进行报价，还包括个人消费者驱动企业生产的“定制化”模式等。

6.1.2 互联网上的商业模式和竞争规则

互联网不仅可以帮助企业以新的方式创造和捕捉利润，或者对现有产品增加附加值，而且可以帮助企业创造出崭新的产品和服务。尽管互联网平台上不断涌现出很多创新性的商业模式，但总结起来可以归纳为表 6-1 所示的几种。

表 6-1 互联网上的商业模式①

类别	描述	例子
虚拟店面	直接销售物理产品给消费者或个别企业	京东、亚马逊
在线市场	提供一个数字环境，买卖双方可会晤，搜寻产品，显示产品，建立这些产品的价格，可服务于 C2C 或 B2B 电子商务，也可提供在线拍卖和反拍卖	淘宝
信息经纪人	为个人和企业提供产品、价格和可用的信息	58 同城
交易经纪人	帮助用户处理在线交易，节省用户的钱和时间	携程
内容提供商	通过网络提供数字内容，如数字新闻、音乐或者影视	iTunes
服务提供商	提供 Web 2.0 应用，如照片分享、影视分享和用户产生的内容等服务，以及其他服务，如在线数据存储和恢复等	YourTube、百度云盘
门户网站	提供进入网络的入口，并伴有其他内容或者服务	新浪
社交网络	提供在线社交或者会议的平台，在那里具有相似兴趣的人可以互相沟通，获得有益的信息	Facebook、新浪微博
搜索引擎	是服务提供商的一种，提供信息搜索服务，也提供基于搜索的广告服务	百度

① 改编自[美]肯尼斯·C. 劳顿、简·P. 劳顿著，薛华成编译：《管理信息系统》(原书第 11 版)，北京，机械工业出版社，2011。

表6-1中所举例子往往具有多种商业模式，并不只具有对应类别中所说的一种模式。比如，京东以虚拟店面的方式自己直接销售3C及其他产品给消费者而起家，但京东近几年也为第三方卖家提供在线销售平台，类似在线市场的商业模式。

在基于互联网的商业模式中，有一些区别于工业时代传统商业模式的现象，比如长尾现象、网络效应等。这些新出现的现象为基于互联网的商业模式提供了一些崭新的竞争规则。

1. 长尾现象

长尾现象(或长尾效应，The Long Tail)是网络时代兴起的一种理论，由美国《连线》杂志主编Chris Anderson于2004年提出。长尾主要是指那些原来不受到重视的销量小、种类多的产品或服务由于总量巨大而累积起来的总收益超过主流产品的现象。

工业社会中，“80/20法则”是管理思想领域最重要的概念，由19世纪经济学家帕累托提出，也称作“帕累托法则”。帕累托最初用“80/20法则”阐释社会结构特征，后来发现几乎所有的经济活动都受该法则的支配，比如20%的客户带来80%的销售额，20%的产品创造80%的利润等。因此，“80/20法则”更看重的是少数畅销产品，而多数的冷门产品则被看作不具有销售能力而且无法获利。在“80/20法则”的指导下，很多企业都在打造自己的明星产品，这些明星产品也为企业带来了大部分的收益。

但长尾理论认为，互联网的崛起打破了这项铁律。在互联网平台上，商品储存、流通和展示的场地与渠道已经足够宽广，商品生产成本将会下降，以至于个人都能进行生产；同时，商品的销售成本急剧降低，几乎任何以前看似需求极低的产品，只要有卖，都会有人买。这些需求和销量不高的产品所占据的共同市场份额，可以和主流产品的市场份额相比，甚至可能更大。比如，一般的博德斯(Borders)书店①藏有10万种图书，但亚马逊(Amazon)的书籍销量有四分之一是由排名在10万名之后的书籍贡献的。这些“冷门”书籍的销售比例还在不断增长，预估未来可占整个书市的一半甚至更多。

图6-1是根据书籍的流行度排序的顾客消费数据曲线，纵坐标是销售量，横坐标是按照流行度排序的商品品种。

① 美国著名连锁书店，已于2011年2月申请破产。

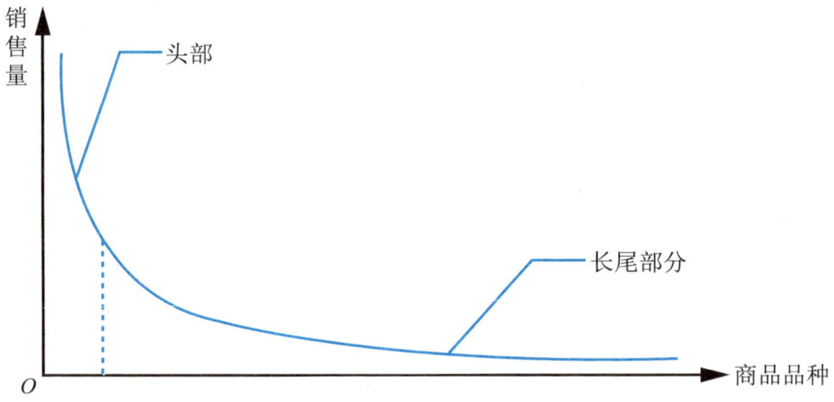

图 6-1　顾客消费数据曲线

可以看出，在曲线的头部，大热门书籍被购买的数量依然非常高；接下来，曲线随着书籍流行度的降低陡然下降，但它一直没有见到零点。在统计学中，这种形状的曲线被称作“长尾分布”。因为相对头部来讲，它的尾巴特别长，这便是“长尾理论”的来历。除了书籍，很多在互联网上销售的产品或者服务都具有这种长尾效应，比如网络视频、网络音乐、搜索服务等。在这个曲线中，尾部意味着个性化和多样化，意味着个人的兴趣和创造力，这比头部枯燥单调的明星产品在未来市场上更具有增值空间和发展前途。

长尾市场也称之为“利基市场”，“利基”是英文“Niche”的音译，是指针对企业的优势细分出来的市场，它是更窄的确定的某些群体，这个市场不大而且没有被服务好，或者说有获取利益的基础。利基市场上的利基产品一定是针对性、专业性很强的产品。通过对市场的细分，企业可以集中力量于某个特定的目标市场，或严格针对一个细分市场，或重点经营一个产品和服务，创造出产品和服务优势。

互联网环境下，商业和文化的未来不在于传统需求曲线上那个代表“畅销商品”的头部，而是代表“冷门商品”经常为人遗忘的长尾。这意味着无论是生产者，还是消费者，或者是连接生产者和消费者之间的方式，都将发生重大变化，崭新的商业模式也将要崛起。6.2 节是关于自助出版平台 lulu.com 的案例分析，其运作模式就是充分利用互联网平台提供的长尾优势，从而成为传统行业进行互联网创新的一个典范。

2. 网络效应

网络效应，也称网络外部性或需求方规模经济(与生产方面的规模经济相对应)，是指某产品对一名用户的价值取决于使用该产品的其他用户的数量。

信息产品一般存在着互联的内在需要，因为人们生产和使用它们的目的就是更好地收集和交流信息。这种需求的满足程度与网络的规模密切相关。只有一名用户的网络是毫无价值的。如果网络中只有少数用户，他们不仅要承担高昂的运营成本，而且只能与数量有限的人交流信息和使用经验。随着用户数量的增加，这种不利于规模经济的情况将不断得到改善，每名用户承担的成本将持续下降，同时信息和经验交流的范围得到扩大，所有用户都可能从网络规模的扩大中获得更大的价值。

目前，很多信息技术的应用，尤其是互联网上的商业模式都具有网络效应。比如，社交网络就凸显了网络效应在其运作过程中的价值。社交网站可以利用人际社会网络关系的扩张来提高其网络效应，从而为网站创造更高的网络价值。虽然目前的 SNS(Social Network Service)网站还没有找到一种明确的、稳定的盈利模式，但如此之高的网络价值也让很多业内人士和专家相信 SNS 的前途是光明的。

3. 信息产品边际成本几乎为零

所有数字化产品或可被数字化的产品，都可以视为信息产品，比如电子书籍、电影、软件、APP、虚拟商品等。信息产品生产的固定成本很高，比如开发 Windows 操作系统的资金和人力投入非常高，而且这些固定成本绝大部分是沉没成本，即使生产停止也无法收回成本。但是增加拷贝的可变成本很低甚至可以为零，这与传统的实体物品的生产制造完全不同。

正是因为信息产品边际成本几乎为零的特征，导致生产经营信息产品的企业卖出越多的信息产品，所获得的利润越高。6.3 节的案例分析正说明了这一点。尤其是纯粹通过网络传递的信息产品，几乎不需要物理库存和物流配送，这也是实体物品销售所无法比拟的优势。因此，越来越多的网上书店致力于把纸质书籍转变成电子书籍进行销售，即使以比纸质书低得多的价格，依然可以回报丰厚。

下面我们对虚拟店面、在线市场和社交网络几个主流经典的互联网商业模式进行介绍，并通过 6.4 节、6.5 节、6.6 节案例对这些模式进行深入的分析和体验。

6.1.3　网络购物

国家统计局数据显示，2019 年全国网上零售交易额 10.63 万亿元，同比增长16.5%。实物商品网上零售额8.52万亿元，占社会消费品零售总额的20.7%。全国网络购物用户规模达到7.10亿人。图6-2为2011—2019年中国网上零售交易额对比图。

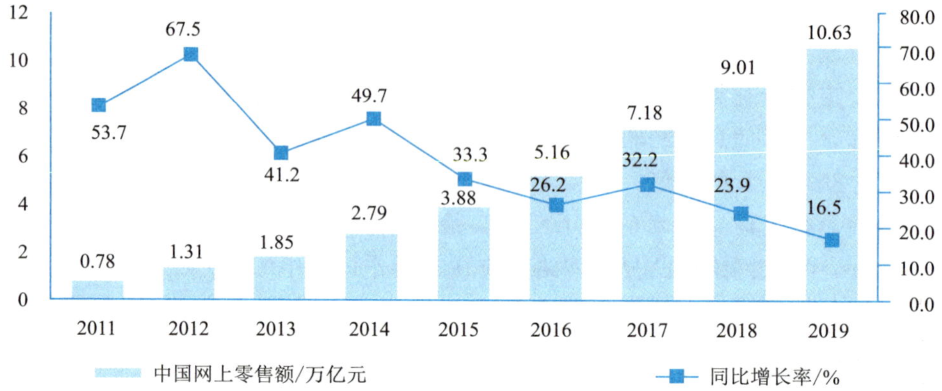

图6-2　2011—2019年中国网上零售额

数据来源：国家统计局。

中国电子商务行业的发展，从最初的网络零售，到后来形式多样的C2C/B2C模式，再到实施开放平台策略后的B2B2C模式，以及线上线下融合的O2O模式，逐步发展成为一个涵盖信息技术、在线交易、物流配送、金融支付、网络广告等多领域协同发展的完整的生态系统。

电子商务生态系统的核心部分，就是包括电子商务平台、商家、消费者、支付体系、物流体系、营销服务、售后服务、市场研究、软件服务等几大要素的商务模式。而电子商务平台、支付体系、物流体系和售后服务是现阶段电子商务发展的关键。上述要素在6.4节案例FlowerPlus花加的商业模式中紧密配合衔接，尤其微信平台、物流体系、营销活动等方面更是其商业运作的基础和关键。在6.5节案例淘宝vs亚马逊中，淘宝和亚马逊作为网络购物最受欢迎的两大平台，分别代表了虚拟店面和在线市场两种典型的电子商务平台模式，深层次上也折射出两者不同的经营理念。

而电子商务在技术层面，除了数据处理、网络存储、网络安全等主要方面外，更是不断融入社交网络、位置服务(Local-Based Service，LBS)、个性化推荐、大数据分析、云计算等技术，增加电子商务平台服务的效果和效率。目前，电子商务企业拥有的最大财富是用户和数据。在大数据时代，企业通过数据采集、海量数据快速处理进行个性化商品推荐，以促进用户购买行为，并可通过 SNS 增强推荐力度和客单转化，在 LBS 应用的支撑下实现实时购买、高效配送，从而促进电子商务生态系统各个生态链协同发展。

此外，分享经济、农村电商、跨境电商、社交电商、直播电商等新形式层出不穷，为中国电子商务的发展不断注入新鲜活力。

6.1.4 社交网络

六度分隔理论(Six Degrees of Separation)假设世界上所有互不相识的人只需要很少中间人就能够建立起联系。这一理论来自哈佛大学心理学教授斯坦利·米尔格拉姆于 1967 年做过的连锁信实验，尝试证明平均只需要 5 个中间人就可以联系任何两个互不相识的美国人。这种现象，并不是说任何人与人之间的联系都必须要通过六个层次才会产生联系，而是表达了这样一个重要的概念：任何两位素不相识的人之间，通过一定的联系方式，总能够产生必然联系或关系。

六度分隔理论是社交网络的理论基础，尤其是基于互联网的社交网络的理论基础。“社交”指社会上人与人的交际往来，是人们运用一定的方式传递信息、交流思想，以达到某种目的的社会活动。互联网诞生后，人们的部分社交活动从线下转移到了线上，针对人们的社交需求而推出的互联网应用也较多。“六度分隔”和互联网的亲密结合，显露出了巨大的商业价值。近几年来，人们越来越关注社交网络的研究，很多网络软件也开始支持人们的社交需求，建立更加互信和紧密的社会关联，这些软件被统称为“社交类应用”(Social Applications)或者社会化媒体(Social Media)，包括社交网站(SNS)、微博、即时通信工具、博客、论坛等。此外，垂直社交网络更关注不同的细分目标群体的特殊社交需求，将成为社交网络的发展趋势。比如，通过 6.6 节案例中的LinkedIn，人们可以更容易在全球找到和自己有相同或者相似职业志趣的人、更容易发现职业机会。

社交网络是建立在交流基础之上的，包括直接交流和间接交流。直接交流是两个用户在社交网络中的一对一交流。研究表明，大多数人只能与大约 150 个人保持有意义的朋友关系，包括线上和线下，这个数字就是众所周知的邓巴数字(Dunbar's number)，即使你的 Facebook 上有成千上万的“好友”。这主要是因为人的认知能力和时间的有限性。因此，一个人在社交网络中的直接交流会遵从邓巴数字。那么对于其他大多数的“好友”，我们采用什么交流方式？那就是间接交流，即通过阅读他们所提供的内容。当我们阅读社交网络中其他人的状态更新和帖子时，我们也是在和他们交流。

如图 6-3 所示，在交流这一基础功能之上，社交网络一般还具有社会化内容发布、社会化娱乐和社会化商务等功能，这些功能为社交网络带来了更大的增值空间。

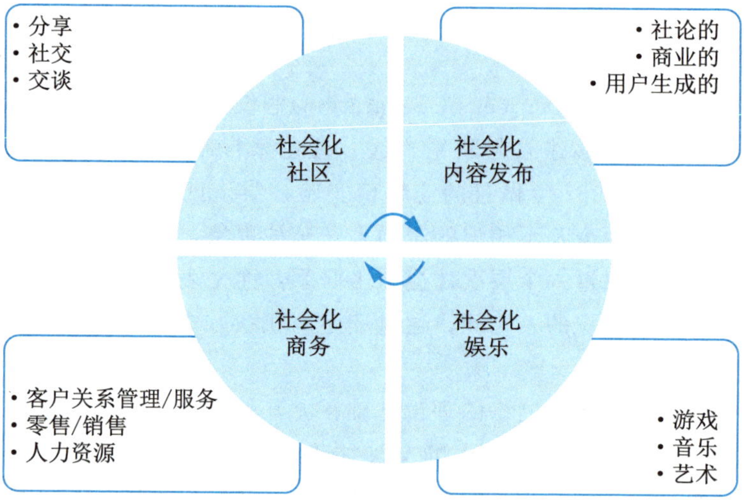

图 6-3　社会化媒体的四个区域①

6.2　案例分析：Lulu——拖着长尾的自助出版平台

Konrath 在写作领域很是著名，出版过不少图书。2009 年 4 月开始尝试自助出版电子书，很快他就意识到，切断中间商，也就是那些传统出版商，他在一本售价仅 2.99 美元的电子书上就赚到了很多钱，收效和他以前出版的 25 美元一本的精装书并没有什么区别。“我开始能够以电子书的形式支付我的抵押贷款，然后用电子货币支付我的账单，”Konrath 说，“我今年要赚超过 10 万美元，而其中的很多钱都来自被那些传统出版商拒绝的图书。”Konrath 将他在亚马逊上的强劲销售归功于用户对他作品的喜爱和好评，以及他的电子书的低价。

① ［美］特蕾西·塔腾、迈克尔·所罗门著，李季、宋尚哲译：《社会化媒体营销》，北京，中国人民大学出版社，2014。

1. 自助出版行业的出现及现状

相信很多写作爱好者，即便是一些名家，都知道传统出版行业图书作品出版的“规则”。太多的作者都经历过书稿石沉大海的情况，因为传统出版商十分在意你是否是个有影响力的作者，即使辗转多次终于找到愿意接受作品的出版商，也需要经过一系列的编辑审核、校稿，甚至必须要按照出版社的意愿来修改自己的书稿，否则便出版无望。很多时候还需要作者自掏腰包支付一笔不小的出版刊印费用。再到书号申请、制作插图、封面设计、定价、印刷……来来回回半年的时间也未必能出版一本图书。当图书进入到书店，摆在书架上，真正能热卖，成为畅销书的又有几本呢？进入市场销售的图书还要面临出版商和零售商的抽成，最后真正到作者手中的利润所剩无几。这让很多人对图书出版望而却步。

由于传统出版行业带来的供需缺口，21 世纪初，网络自助出版模式产生了。2005 年，一场网络自助出版热潮爆发，这场席卷大半个世界的浪潮至今仍未退去。根据 Bowker 公司的数据统计，在 2006—2011 年这六年间，网络自助出版增长率高达 400%，呈爆发式发展；在 2011—2016 年这六年间，增长率为 218.33%。

2. Lulu 的创建

Lulu 自助出版平台的创始人 Bob Young 也曾有过和 Konrath 类似的经历。在传统出版流程下，他出版了一本图书《雷达之下》，但在扣除成本后，他最终获得的利润却只有 2 331 美元，复杂的出版流程也让人有些头痛。优秀的人面对问题时不会退缩，而是想出办法解决难题，很快，一个创新性的想法在这位企业家的头脑中诞生了：利用互联网建立一个出版平台，使想要出版图书的人可以在这个平台上出版任何自己的作品，不需要超长的出版周期，也不需要高额的出版费用，还可以帮助作者发行销售。于是 2002 年，Lulu 自助出版平台(www.lulu.com)诞生了。

Lulu 是一家网络自助出版平台，也是一家基于互联网背景的技术公司。英文字典将“lulu”定义为“卓越的人或突出的事情”，这也是 Lulu 名字的由来。Lulu 致力于帮助人们创造并分享他们非凡的想法与世界。它利用尖端技术提供免费出版工具，让每个人都有机会分享他们的知识，讲述自己的故事。15 年来，它生产出高质量的电子书和按需印刷产品。Lulu 在 2013 年时，就已经产生了超过 200 万册本书。可以说，它的创立彻底改变了出版业。而 Lulu

在2016年增加了75 243本自助出版作品，出版数量在自助出版行业排名第三，占据9.56%的市场份额。

3. Lulu的商业模式

如果你是一个图书出版用户，打开Lulu的网页，你首先会看到“创建你的图书”“商店”“出版导航”“专业服务”“出售你的书”“大宗购买折扣”这样几个按键，它们很明显地占据了整个网页。向下还可以看到Lulu、Amazon、iBooks、Kindle等几个零售商的商标——它们都是Lulu的合作商，出版者可以根据自己的喜好在这几家零售商中任意选择作品的销售平台。页面最下面，Lulu介绍了平台的用户人群，可以说，“客户至上”和“特色需求至上”在Lulu的理念中十分突出。

下面一起来体验一下Lulu的自助出版流程。

(1)图书编辑

首先要在Lulu网站进行注册和登录，然后点击“Create your book”，选择自己想要出版的作品类型，这里的类型是指纸质书、电子书、照片集和日历。如果发布一本纸质图书，首先要选择图书的规格，也就是纸张的大小、类型、数量，出版图书为平装书或是精装书，以及图书内文为黑白或是彩色，这些都可以根据图书的内容和作者的喜好自行选择。当然，不同规格的图书成本价格也不同。例如，如果出版一本旅行日记，书中有大量的照片插图，就可以选择彩色打印，因为其他旅行者一看见这本书，就可以被优美的景色和丰富的文化所吸引。

之后再根据Lulu平台的使用说明为自己已经完成的作品取名，写上作者的名字，并选择作品在哪里发布。图书可以在Lulu平台上出版并销售，也可以选择在零售商的平台上进行出版，当然，如果你不希望作品被别人看到，也可以将图书设置为“仅自己可见”。这一步完成后，将作品的电子稿以规定格式上传到平台，其中PDF、DOC等常见格式都被允许，但在作品上传之前要根据所选图书纸张的大小对文本进行格式化。

下一步可以在Lulu出版平台上直接申请一个免费的ISBN，即国际标准书号。在Lulu建立伊始并没有免费获取ISBN这一项服务，但是为了提升用户体验、增加市场份额、使作者可以正式出版被市场认可的图书，Lulu为客户们提前购买了ISBN，每当作者出版一本图书都可以获得一个相应的免费书号。

下面是为作品增光添彩的一步——进行图书设计，包括图书的封面、插图、内页设计等。这一环节可以选择 DIY，也可以通过 Lulu 平台雇用专业的设计师为自己的图书进行编辑设计；这里也包括文本编辑设计，无论是字体大小还是标题样式都可以 DIY。如果想自己动手进行制作，可以选择 Lulu 平台提供的不同颜色的封面样式，也可以自己上传相应规格的图片。如果需要专业人员的帮助，就需要支付一笔设计费用，同时在编辑、营销方面 Lulu 也提供专业人才。Pre-Publishing 把图书带到下一个层次：让 Lulu 的专家们用专业的编辑、格式化和封面设计来打磨作者们的手稿。

最后，回顾检查自己的作品，查看是否有需要改动的地方，确定之后，这本图书就诞生了。

2008 年 Lulu 增加了电子书项目。2009—2010 年，Lulu 的出版量增加了十万册，是前一周期的 5 倍之多。与纸质书不同的是，电子书的编辑更为简练，不需要选择纸张，也不需要格式化文本，只需要按照 Lulu 规定好的格式(DOC、DOCX、RTF、ODT、EPUB 等格式都支持)上传到平台即可。当然，也没有纸张和打印的成本费用，其他步骤与纸质书相同。电子书的意义主要在于丰富了自助出版的形式，大大增加了自助出版的使用量，自助出版平台也收获了更多的客户和利润。

2014 年的一天，Lulu 推出了一个新的板块——Lulu Jr。其中包括“我的书”“我的漫画书”“IlluStory”和“IlluStory Junior”四部分，这是一个专门让孩子们出版图书的地方。Lulu 与 Easy 学生出版公司签订了独家授权协议，Lulu 成为 Easy 作品的来源渠道之一，也就是说孩子们在 Lulu 上发表的作品可以拿到 Easy 发行。可想而知，一个小朋友如果能拥有一本自己出的书，大概会高兴得跳起来；同样的，父母也不会放过这种锻炼孩子想象力和才能的独特机会。Lulu Jr 推出的这些图书制作工具允许孩子们创作自己的书籍，完成自己的故事和艺术作品。这也促使 Lulu 进一步拓展了用户群体，大大扩展了它的能力，让所有年龄段的人都能表达自己的热情，以新的、有意义的方式讲述自己的故事。

2015 年 12 月，Lulu 重新启动了图片网，这是一个致力于在画布上创作照片和图片的网站。任何用户都可以在上面使用 Lulu Studio 工具创作自己的画册、照片集和日历，可以和自己的朋友、家人、队友，甚至是商业伙伴分享照片。

以上两种特色出版方式在编辑时与普通的图书出版有异曲同工之妙，例如在纸张的选择上需要选择专门的相册纸、日历纸，打印时采用彩色打印，当然特色出版在成本价格上普遍会高于纸质书与电子书。

(2)定价

自助出版的定价也是DIY的。根据在选择纸张数量和种类时Lulu平台自动计算的成本价格，作者对自己的图书进行定价，可以设定心目中的任何价格。输入自己心目中的价格后，Lulu平台会自动计算出扣除成本和Lulu平台及零售商抽成后的价格。如果是纸质书，作者最后可以获得自定价80%的收益；如果是电子书，作者则可以获取90%的收益。

收入是怎么返回给用户的呢？如果你已经在网站上发布和销售内容，那么收入的相关信息将会在“我的Lulu”中的“我的收入”框中出现。用户可以选择通过PayPal或纸质支票接收自己的收入。

(3)营销与销售

为了帮助作者拓宽销路、卖出更多的图书，Lulu平台可以提供专业的营销服务。有专业的人士帮助作者设置自己的网站，进行网络营销，社交媒体广告的设计与宣传也必不可少。与图书专业化内置设计相同，此项营销服务也需要作者支付相应的费用。

图书销售可以选择“只在Lulu出售”，如果直接在Lulu出版并售卖，定价=利润+成本+Lulu分成。也可以选择“在Kindle、iBooks、Amozon等零售商出售”，定价=利润+成本+Lulu分成+零售商发行费用。Lulu与上述第三方零售网站进行合作，用户们在Lulu平台出版的图书可以在定价后，将信息挂在这些第三方零售网站上；如果有人下单，就将图书进行印刷，通过物流送到读者手中，再将卖书的利润返回到用户手中，第三方公司从中抽成。

(4)按需刊印

传统出版行业一般会在图书出版时一次性进行批量印刷，而自助出版是在作者将出版物上传到网络平台后，根据读者的预订量进行印刷。读者在零售商下单，零售商根据订单数印刷图书，并通过物流将书送到读者手中。自助出版的电子书不存在刊印问题，有读者下单付款后，零售商会将PDF等格式的电子版发给作者。

总体来说，Lulu的商业模式包含了图书编辑发布到后期出版销售的全过程，使图书更有效率地从作者到达读者手中。纸质图书出版和电子书作为Lulu业务的重头戏，Lulu Jr和图片网对纸质书和电子书不能覆盖的产品和客户群进行补充。另外，Lulu与第三方零售商合作，将用户出版的作品在这些图书销售商的网站上进行销售，与 Bowker 合作为用户购买 ISBN。再辅之以印刷、物流业务，将图书送到读者手中。这样，一个完整的 Lulu 模式就诞生了。

自助出版平台既不需要考虑图书销量问题，也不需要考虑运营过程中的库存等成本，需要付出的主要是技术开发与更新成本，例如 Lulu 每年能够从几十万册的出版图书中获得不菲的收益，这几乎是“坐享其成”的好事。因此，即使出版后的图书销量十分有限，自助出版平台也不会对作品进行干涉。于是，作者们也有了一个将自己的作品出版发行的机会。这更促进了小众图书的出版与发行，成千上万的小众图书开始变得有利可图，这些图书即使一次只能卖掉一两册，但是其累计的利润也丝毫不会逊色于畅销书。

在过去的十多年里，Lulu 引领了自助出版行业的崛起，连续多年占据市场前三的位置，百万的图书出版数量和不断更新的业务，以及涉及全球 80 多个国家的地域范围，足以证明 Lulu 的成功。

思考

① 理解 lulu.com 在编辑审校、印刷装订、市场营销、物流配送、定价等方面的特点，比较传统出版社和网络出版各自的优势和劣势。

② 如何理解网络自助出版的长尾效应?

6.3　案例分析：网络游戏的生存之道

2017 年 7 月 3 日，一条来自人民网的新闻——《王者荣耀：是娱乐大众还是陷害人生》引起了大家的关注。作为游龄十年之久的老玩家，肖明也在一年多前开始玩王者荣耀，他觉得这款全民性、现象级，甚至被称为“毒药”“农药”的游戏，将网络游戏引进了一个新时代。

1. 网络游戏在中国的发展历程

网络游戏的概念最早产生于 20 世纪七八十年代的英、美等国家。中国网络游戏的流行开始于 2000 年 7 月发行的万王之王，这款游戏是中国第一款图形网络游戏，也为大型多人在线角色扮演类游戏(Massively Multiplayer Online Role-Playing，MMORPG)奠定了基础。之后，中国的网络游戏发展进入快车道，国外的传奇、魔兽世界、英雄联盟，国内自主研发的剑侠情缘网络版、梦幻西游、征途等都深受玩家喜爱。而盛大、第九城市、网易、腾讯等公司，也成为中国网络游戏市场中的巨头。

2015年，网易公司的核心游戏梦幻西游手游第一次将中国的PC端游市场转向了手游市场。2015年11月，腾讯公司自主研发的MOBA竞技手游王者荣耀以其5v5公平对战模式、单局游戏时间短等特点，迅速火爆于中国手游市场。

2. 王者荣耀

一年多前，肖明发现他周围的很多朋友都在玩一款叫王者荣耀的游戏。对于这款游戏，肖明有些印象，他经常在各大视频网站上看到一段荒诞不经的游戏广告，街道上也贴满了一组“背影广告”，似乎说的就是这个游戏。

就这样，肖明开始了王者荣耀的征途……

因为同属于腾讯公司，王者荣耀可用微信账号或者QQ账号登录。进入新手教学后，肖明熟悉了一下游戏的世界观和它的摇杆、点触操作，十几分钟就搞定了。对于有十多年网游经验的老玩家来说，肖明觉得这款游戏很像英雄联盟的游戏模式，但操作起来简单多了。

首次玩，肖明选择了游戏界面上的5v5对战模式，这是最普通的一种游戏模式(此外，还包括冒险模式、排位赛①、赏金联赛等模式)。他选择了一个叫亚瑟的英雄②，不同英雄在团队中的定位不同，他的亚瑟是一个战士，三个技能分别是：誓约之盾、回旋打击、圣剑裁决，被动技能③是圣光守护，以肖明的经验来判断：他觉得最好和鲁班等射手走一起。因为刚开始玩，肖明只好先按照官方的建议出装④，尽快地拿到更多经济(打小兵、打野⑤或者杀掉敌方英雄获得的经验值和金币)集齐装备，他前期都是尽量避免落单，慢慢发育⑥，到了中期才加入团战⑦，

---

① 排位赛：王者荣耀手游里重要的玩法之一，也是实力的象征。在普通的匹配模式中熟练英雄积累经验并且达到一定等级和相应数量的英雄即可进行排位赛来证明自己的实力，并且还能获得钻石的奖励，排名越靠前钻石奖励越多。

② 英雄：王者荣耀中玩家进行战斗所选的人物载体。

③ 被动技能：电子游戏中，角色拥有某些技能无须操作便可以自动触发，这种技能叫作被动技能。

④ 出装：在正式战斗时，在商店购买提高英雄属性的装备。

⑤ 打野：以野区资源为经验和经济获取的主要方式，采用刷野和反野、线上gank和反gank、参与团战等方式，达到减少对方或增加己方团队收益目的的非线上位置。打野也叫做Jungle。

⑥ 发育：获取经验、金币等使自己变强。

⑦ 团战：在游戏中的定义为以小组(如帮派、战队)为单位的数名玩家进行集体对抗。

小心地走位[1]躲技能，最后偷塔[2]成功，推了敌方的水晶，获得胜利。肖明知道：在这种游戏里，每一个英雄的作用都是不容忽视的，坦克要扛血，为队友承受伤害；法师要控制敌方，减少对方的伤害；刺客要尽快发育抓人切后排[3]等，所以在一局游戏中需要大家相互配合，这其实是很考验玩家的团队协作能力的。

一晚上肖明玩了七八局，一局 20 分钟左右，把所有限时免费的英雄都玩儿了个遍，又趁着新手优惠买了一个新英雄——虞姬。

玩了两天，肖明发现很多人都喜欢用游戏里的好友系统和师徒系统。通过好友系统和师徒系统，玩家可以一起完成固定的任务之后确定闺蜜、死党、恋人、师徒等关系，进而增加经验值和金币。此外，肖明发现，本来性格内向的他，通过游戏，跟很多同事都熟络了起来，感情上亲近了，有些工作上的事情说起来就方便多了。渐渐地，他对这个圈子有了更多的认同感和归属感。

作为网游老手，肖明最开始玩的时候就是想看看，不打算在上面花费太多时间和金钱。可是玩了十几天，肖明发现自己的生活完全围着王者荣耀转了。早上起来的第一件事就是打开王者荣耀，免费抽铭文、签到领奖品、活动兑换礼物……到了公司也没办法认真工作，老想着英雄的技能、皮肤、铭文还有出装顺序，甚至有时候会偷偷在工作时间查阅游戏攻略。在王者荣耀上第一次花钱，他充了 6 块钱，结果有 60 点券还送一个新英雄赵云，他觉得很划算。他用了 888 点券(88.8 元钱)买了孙悟空的“至尊宝”皮肤，他最近对皮肤很感兴趣，穿上皮肤不仅可以使英雄视觉上有进一步的加分，还可以有略微的属性加成。肖明听自己在天美工作室[4]做产品营销的朋友说，赵云的皮肤曾经在一天之内就卖了 1.5 亿元！考虑到手机流量，肖明买了一张联通和腾讯联合推出的特殊电

---

① 走位：在电子游戏上是指单位的移动。在游戏中良好的走位可以躲避敌方的技能、开阔或是利用视野等使自己获得优势，但同时其他人也可以利用你的走位或者预判你的走位并对此作出判断。

② 偷塔：指在本方兵线没有到达对方塔边的时候，由一个或者多个英雄发起偷袭迅速拆掉对方的防御塔，多用于僵持局面或正面进攻受阻时，往往能够打破僵局，从而出奇制胜。

③ 切后排：攻击敌方躲在后面的生命值低但是伤害输出高的英雄。

④ 天美工作室：天美工作室群(英文名：TiMi Studio Group)成立于 2014 年，是腾讯 IEG(互动娱乐事业群)旗下负责研发精品移动游戏的工作室。天美工作室群属于腾讯游戏旗下。天美工作室分为天美－J1 工作室、天美－J2 工作室、天美－J3 工作室、天美－J4 工作室、天美－J5 工作室、天美－T1 工作室、天美－L1 工作室(推出了王者荣耀)。

话卡，每天打开游戏的时候都能看见它的广告，玩王者荣耀流量无限免费。

肖明还迷上了王者荣耀官方组织的职业联赛直播，这是最高规格的专业竞技赛事，主办方提供了丰厚的奖金吸引各方游戏大神参与竞技，全程直播，游戏过程惊心动魄，看起来让人热血沸腾，比看世界杯还刺激。

现在对肖明来说，偶尔跟同事们一起打打游戏，聊聊技能，看看联赛，放松一下身心，融洽一下工作氛围，还是挺不错的。但肖明对王者荣耀也不像刚开始几个月那么沉醉了，考虑到上小学的儿子也经常想玩游戏，肖明更是刻意控制自己，尤其不能当着儿子的面打游戏。

3. 王者荣耀相关数据统计

截至 2017 年 5 月，王者荣耀渗透率达到 22.3%，用户规模达到 2.01 亿人。DAU(Daily Active User)均值为 5 412.8 万人，约为 2016 年 12 月的两倍。王者荣耀 MAU 为 1.63 亿人，相比 2016 年年底增长超过一倍。2017 年 5 月，王者荣耀用户日均使用次数为 2.33 次。

2016 年 12 月—2017 年 5 月，王者荣耀用户日均使用时长均值为 47.2 分钟。如图 6-4 所示，中午和夜晚为王者荣耀用户游戏高峰时段。王者荣耀用户白天游戏高峰时段为 12:00—13:00，占比为 6.97%；晚间游戏高峰时段为 21:00—23:00，占比为 13.63%。

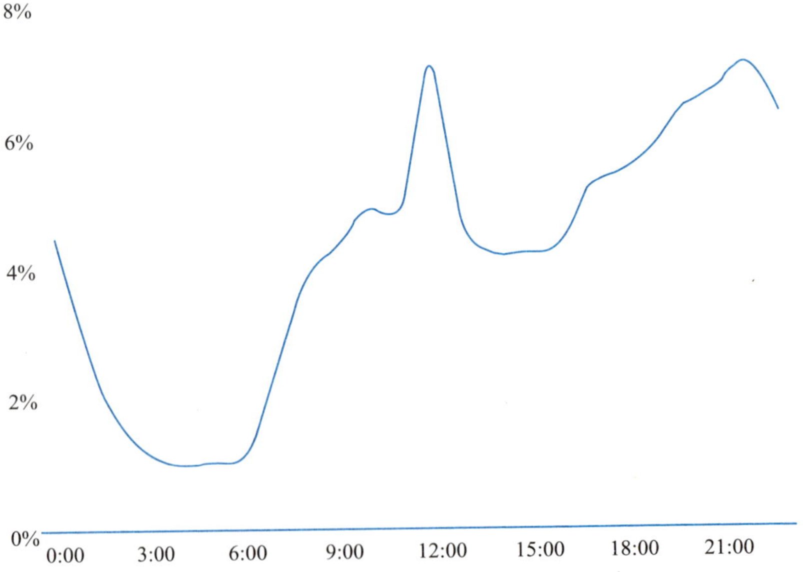

图 6-4 王者荣耀用户使用时段占比分布

资料来源：极光大数据：《王者荣耀研究报告》，极光官网，2017-06-14。

王者荣耀用户男女比例为 1∶1.18，20～24 岁用户占比 25%。本科学历人群占比达 49.5%，对音乐、直播视频聊天比较感兴趣，最关注的话题是二次元、校园社区和同城交友。

4. 缩影

移动互联网时代，王者荣耀凭借其娱乐化、社交性、碎片化等特点，赢得了很多玩家的青睐，他们在这个网络世界里能够获得短暂的快乐、放松、荣耀和尊重方面的满足，同时腾讯公司也赚得盆满钵满。图 6-5 为王者荣耀用户画像。

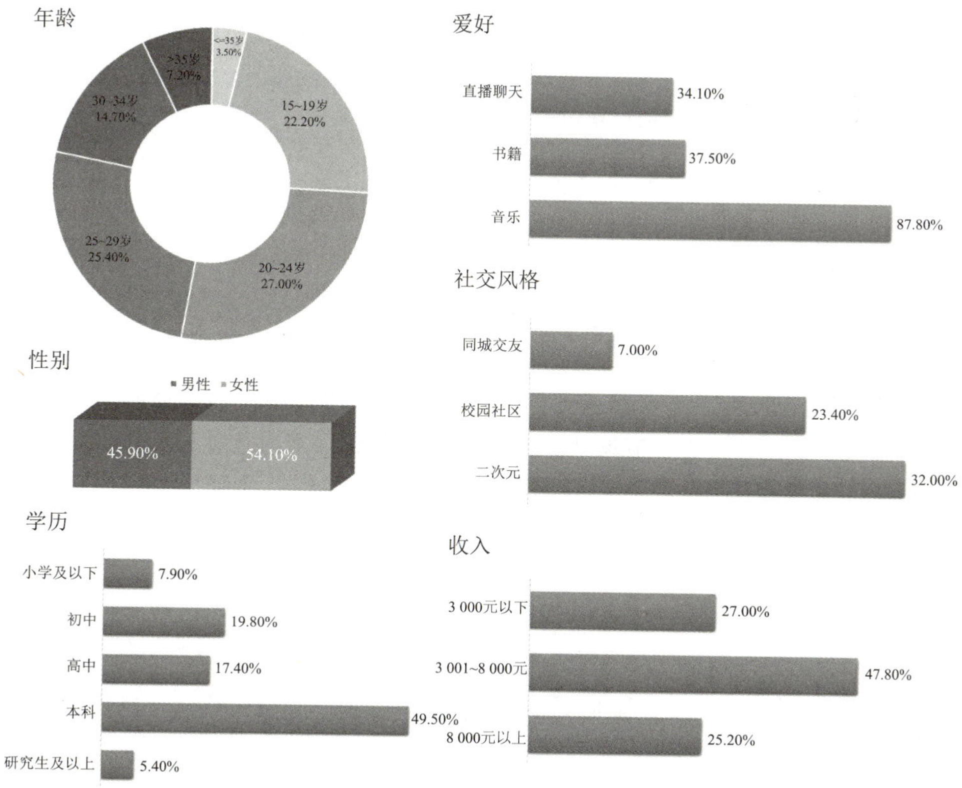

图 6-5　王者荣耀用户画像

资料来源：极光大数据：《王者荣耀研究报告》，极光官网，2017-06-14。

网络游戏是人类在从物质世界向虚拟世界生存发展过程中的一个生动的场景，也是人类不断尝试新技术、新生活的一个典型缩影。在人类社会迈进信息社会的过程中，无论是个人还是企业都在不断调整适应网络化生存的方式和规则。在物质世界和虚拟世界的不断融合过程中，个人的生存方式中，无论吃穿住行还是工作娱乐社交，都在不断发展变化；相应地，企业也必须逐渐进行整体战略、业务模式和产品研发的调整和创新，这是企业在未来的生存之道。

思考

① 区别于端游，王者荣耀作为手游有哪些特点？

② 王者荣耀是如何赚钱的？你还知道其他的网络游戏的盈利模式吗？

③ 人类在逐渐迈入信息社会的过程中，你如何理解虚拟世界和物质世界之间的联系？

6.4 案例分析：FlowerPlus 花加

也许你在朋友圈曾经看到过这样的广告：

“与其等待，不如好好爱自己”

“一杯咖啡的花费，拥抱一周好心情”

嗯，听起来似乎很有道理。这些广告来自鲜花电商 FlowerPlus 花加。

在欧美国家，鲜花作为一项日常生活用品非常普及。放在桌上的鲜花，能让整个空间变得有生气，让人心情变得愉悦起来。但在国内，这个模式并不普及。2015 年中外鲜花消费市场上，中国的日常鲜花消费占比只有 5%，而绝大部分鲜花消费是因为像情人节、教师节、母亲节这样的礼品鲜花消费模式，如图 6-6 所示。随着消费升级、人均可支配收入的增加，小部分中产阶级人群在满足基本的物质需求外，开始对生活品质有了更高的要求，这部分人群也就成为了花加的种子用户。

国家	礼品鲜花市场占比/%	日常鲜花市场占比/%	全国鲜花市场容量/亿元	备注
英国	43%	57%	248.9	67%的鲜花在超市购买
荷兰	40%	60%	310.4	80%出口，20%国内消费
日本	70%	30%	337.6	以线下花店业态为主
美国	60%	40%	571.6	超市和电商业态兴盛
中国	95%	5%	415.6	主要以传统礼品鲜花市场为主，日常鲜花需求刚刚兴起

图 6-6　2015 年中外鲜花消费市场比较①

① 艾瑞咨询：《中国鲜花电商行业案例研究——FlowerPlus 花加》，艾瑞网，2017-05-12。

花加于 2015 年 4 月在上海成立，专注日常鲜花订阅服务，以传递美好的生活方式为品牌核心定位。成立一年内，先后获得三轮融资，城市覆盖、单月订单额等运营数据增长迅速。2016 年花加总覆盖城市 50 座，月订单额超过 6 000 万元。

如图 6-7 所示，客户通过微信端下单包月定制宅配套餐，花加采用产地直销模式，接收到消费者订单后，根据用户信息以及鲜花的价格波动自动形成采购订单，发送至合作的花源基地，反向定制。花农根据订单需求可以提前半年进行选品种植。而驻扎在全国各主要花田的鲜花采购团队，每周设法挖掘时令鲜花新品种，直接从花田采购，通过冷链运输至各个城市鲜花工厂，进行保鲜、打包和分拣处理，48 小时送达客户手中。整个环节里，传统鲜花行业的一级二级中间商都不存在。

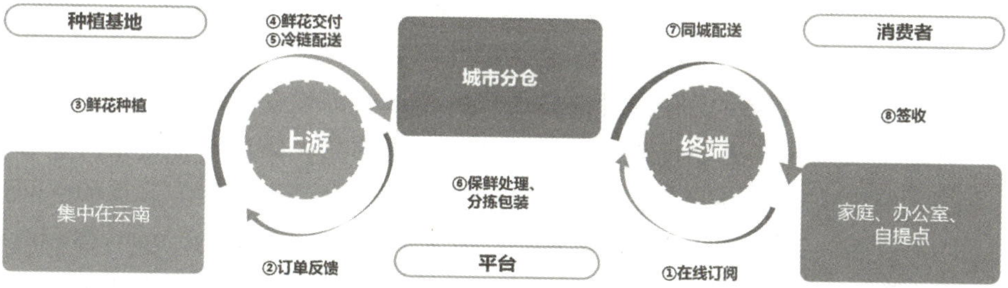

图 6-7　花加的产地直销模式

1. 花加的供应链管理

花加投入很多精力来保证花的新鲜度。创始人王柯认为，“供应链上，影响鲜花新鲜度的环节主要有两个：一是花刚摘下来时的预处理，二是最后一公里的配送。”

具体来说，鲜花的采后处理有两个小步骤：休眠和杀菌。但由于操作难度较高，再加上花田分散，中国花农在这一步上普遍做得比较粗糙。在这一点上，花加会向其有深度合作关系的花农提出明确要求，强调预处理过程。目前，花加所有订阅鲜花多数来自云南，在云南已有 6 000 多亩花田和专业基地。花加采取买断和合作两种方式，和花农签订合作协议，从花源控制花的品类和价格，以确保用户体验。

因为鲜花是一个非常娇嫩的产品，作为生鲜品，它对温度、湿度包括运输都有很高的要求。所以在采摘后第一时间要做的是“保鲜处理”，花加之前用的是空运，但是为了提供更好的品质，现在全部改为冷链运输，鲜花到了仓库后，因为还处于休眠状态，所以还得将它们唤醒，然后再进行终端配送。花加在上海、北京等七大城市建立了仓储中心，并装备完备的冷链运输体系，到达仓储中心的鲜花12小时内必须出库，次日配送的鲜花当天晚上8点必须出库，次日中午12点前必须配送结束。

这一整套供应链系统就是花加推崇的C2F模式。C2F是指终端消费者面向工厂，直接向工厂定制个性化产品，由企业负责一站式生产、发货、包装及售后服务的一种新型网上购物模式。

2. 产品的细分和服务的定位

花加的产品线根据花材品种和用户属性定位分为Mini、简花、惠花、奇花、悦花、繁花、迷藏、大师等系列的鲜花套餐，价格涵盖从79元/月到399元/月的区段，并针对节庆日和特别主题开发了主题鲜花礼盒，以丰盛的产品线满足用户多场景、多维度的需要。而且，Mini系列不同于其他系列，在首次配送时提供了2个花瓶，不论是单瓶还是多瓶组合，可以适应和美化各种场景，也更好地满足了客户对细分场景的需求。

花加不仅卖花，更要打造一个代表生活方式的品牌。近几年它在跨界合作上有很大突破。2017年年初，花加联袂COSTA咖啡打造的鲜花咖啡空间火遍了上海。近3万朵鲜花、6名花艺师、耗时18小时，让COSTA的整个门店融化在花海里。5月13日，2017 ELLE active全球女性盛会在上海西岸艺术中心举办，现场由花加3万朵鲜花装扮下的花海，成为盛会最引人注目的一道风景。订阅鲜花不仅是为了鲜花自身，更重要的是装饰环境、美化空间以及愉悦身心。花加的跨界合作可以充分挖掘消费者的生活圈，让鲜花进入更多人的生活场景，进而完善整个消费产业链。花加已经把鲜花订阅升级到环境解决方案，其愿景就是将一切美好体验带给用户。

3. 线上平台的传播和客户维系

花加除了精心打造线下各项业务，也很重视线上模式的开发。考虑到目前它的用户群主要是伴随着互联网成长起来的“80后”到“90后”，尤其以女性客户为主，她们消费频次高，且拥有自传播意识。加之鲜花订阅也不需要多么复杂的功能设计，因此，花加选择通过微信公众号让用户简单快速地了解、定制和传播自己的产品和产品背后的生活理念。而微信也在传播和客户维系上为花加提供了很好的支持。

鲜花是一个带有正能量的产品，它可以在朋友圈形成自传播，这种传播效率非常高，只需要产品能够让用户产生传播冲动，就能带来大量新用户。关于传播，花加的方法论是把一招用到极致，简单讲就是找到自传播的触发点，然后再不断将触发点放大。比如，自传播的一个触发点是“在朋友圈展示自己的生活情趣”，花加团队在设计花盒和鲜花的时候，除了考虑如何保障鲜花新鲜以及运输过程不被碰伤之外，还考虑了美观性，以及收花之后不用任何工具，可以徒手简易地拆开每一层包装，这样客户收到花之后会形成一级传播。再如，花加有一个“填写老客户手机号码，给新客户送花瓶”的活动，这个可以形成二级传播甚至是三级传播，老客户和新客户的积极性都很高，这个活动给花加带来了很多精准的客户。花加目前用户90%以上来自微信用户的口碑传播，10%左右来自朋友圈广告。

通过公众号留存的用户信息和数据，可以分析客户需求，给不同客户进行画像，制定不同的产品和服务送达，用于提高产品和服务的质量，以达到留存的目的。例如，他们会给新客户配送比较容易养的鲜花或者大家都认识的花，老客户会配送有一定养护难度的花，孕妇会避开对孕妇有影响的花，同一个办公室同一次配送，会尽量配送不同品种的花等。

在公众号自定义菜单中，除了展示产品套餐、提供基本的售后客服，花加还提供了一系列与“花”相关的配套服务。花加公众号中，“花加社区”提供了一个互动社区，用户可以分享和交流养花心得，同时运营者也可以及时了解用户反馈；“鲜花养护”帮助用户正确地打理花束，传授不同鲜花的养护知识。此外，通过招募花加生活家，花加可以主动发掘粉丝中的生活达人、创业家和社交媒体控，粉丝中的KOL(关键意见领袖)可以为花加品牌提供更好的推广。花加的粉丝有个名称叫作“花粉”。花加团队也探索了很多与“花粉”进行线上线下互动的方式，比如“花艺课”“花艺沙龙”“闪购”“花艺师插花直播”等。这些活动能起到很好的品牌推广效果，能够带动更多“花粉”一起学习花艺知识，增加花加与用户之间的互动，也积累了很多忠实粉丝和鲜花代言人。

微信粉丝也给花加团队反馈了一些好的运营思路和想法，比如粉丝们希望花加可以有花剪，后来花加为用户订制了花剪。现在，花加还提供了一些其他鲜花周边产品，如保鲜液、围裙等，将来会开发更多的周边产品满足“花粉”日常鲜花养护需求。

鲜花是感情属性很强的商品，它也代表着生活的态度、品味和期待。花加要打造一种生活方式平台，满足用户的升级需求，像传递鲜花一样向用户传递更多美好的生活体验。

思考

① 鲜花电商是在什么背景下诞生并得到市场认可的？除了花加，还有哪些鲜花电商？他们的运作模式和花加有哪些异同点？

② 花加的物流与供应链管理有哪些特殊考虑？是如何实现的？

③ 花加是如何考虑产品细分和服务定位的？

④ 花加的线上平台的开发具有哪些功能？微信平台如何满足花加线上功能的需要？

⑤ 花加是如何基于互联网来打造鲜花生活平台的？它体现了哪些互联网思维？

6.5 案例分析：淘宝 vs 亚马逊①

2014 年 9 月 19 日，阿里巴巴在美国上市，当天市值高达 2 314.39 亿美元。而当天亚马逊在纽约证券交易所的交易价格为 325 美元，市值达 1 502 亿美元。作为全球最大、最著名的两大网络销售平台，淘宝和亚马逊在基因上与生俱来的不同最终导致了他们行为方面的巨大差异。

1. 与生俱来的不同

在淘宝诞生之前，中国网购市场上的佼佼者易趣已经耕耘了将近 4 年(1999 年成立)。易趣模仿美国 eBay 进行 C2C 的在线交易，这是当时非常流行的一种网购模式。2003 年 6 月易趣被 eBay 以 1.5 亿美元全资控股。淘宝诞生于 2003 年 5 月，也采取类似易趣的 C2C 在线市场模式，不过没有采用拍卖的方式，而是由卖家对商品进行一口价定价。淘宝采取免费模式对抗在商品推广、上传商品、交易抽成等方面向卖家收费的 eBay 易趣，迅速吸引了数十万注册会员，其中不少就是易趣的会员。2004 年 12 月，淘宝还推出了致力于解决早期网络交易中买卖双方的信任和交易风险问题的“支付宝”——买家将货款打入淘宝提供的第三方账户，确认收到货物之后再将货款支付给卖家。这两个举措使得淘宝的卖家和买家数量节节攀升，市场逐渐火爆起来。

亚马逊 1994 年车库创业伊始的定位是成为“地球上最大的书店”。1997 年成功 IPO 后，亚马逊的定位改为“最大的综合网络零售商”。这两个阶段中，

① 参考《天下网商·经理人》2013 年 8 月《环境决定特质：淘宝 vs Amazon Marketplace》等进行撰写。

亚马逊一直采用的是自营的 B2C 运作模式。随后数年时间里，亚马逊一直大力扩展品类，为此于 2001 年开始推广第三方开放平台，想把很多卖家吸引到平台上，丰富商品种类的同时还为消费者努力提供和自营一致的购物体验。当时，亚马逊的主要竞争对手同样也是 eBay，eBay 已经几乎占领了美国在线个人交易市场。亚马逊针对 eBay 模式中的不足，主要依靠两招吸引了很多大卖家：第一，区别于 eBay 以拍卖为主的交易方式，亚马逊着眼于一口价交易；第二，为了进一步吸引大卖家参与第三方开放平台，亚马逊在费用上也做出了优惠。亚马逊对大卖家(月销量超过 40 件)收取 39.9 美元的每月固定费用，以及 0.99 美元的每笔订单抽成，相对于 eBay 收取的每件商品展示费 0.25～80 美元以及每笔交易 2～5 美元抽成来说，大卖家在亚马逊第三方开放平台销售更加划算。亚马逊第三方开放平台诞生之时，亚马逊的自营 B2C 运作已经精耕细作了 7 年，具有很强的基础和实力，也积累了良好的用户口碑和多达 3 000 万的成熟消费者群体，这也非常吸引卖家加入开放平台。

纵观两个交易平台的发展过程，并对它们进行横向对比，我们发现：

淘宝从诞生之初模仿易趣采用 C2C 模式运营在线市场，但又有所不同和创新。淘宝身为市场管理员，在成立伊始对刚刚加入淘宝平台的小卖家们管理得十分松散放纵。这种运作模式可以汇聚海量商品，为淘宝的发展带来了巨大的利润，但也埋下了隐患。

亚马逊诞生之初采用 B2C 模式自营产品，自己采购货品并运营仓库、供应链和网站销售，形成了一个虚拟店面。即使 2001 年推广第三方开放平台之后，亚马逊依然有强大的自营业务。亚马逊依靠多年形成的市场形象和地位对加入开放平台的卖家有较强的示范、约束和管理能力。这种运作模式虽然利润率不如淘宝的在线市场那么高，看似也比较死板，但管控能力更强。尤其当网络购物发展到更深层次，消费者对商品品质和消费体验要求不断升高之后，这种模式会显得游刃有余。

正是由于淘宝和亚马逊与生俱来的不同，它们在很多表象行为上也十分不同。

2. 商品的组织与展示

淘宝和亚马逊的商品组织与展示的方式截然不同。简单来说，淘宝是从店铺出发来组织商品，由店铺个性化地设置商品展示页面进行介绍；而亚马逊则是按照产品来组织商品，因此产品介绍是非常标准化的。

淘宝鼓励店铺品牌建设，现在的“天猫原创”大部分都是从一个店铺品牌做起来的。淘宝不仅提供了收藏店铺的基础功能，还允许各个店铺装修出个性化的风格来吸引消费者。因为淘宝以店铺的方式组织商品，很多店铺提供的商品重复率很高，同样商品在不同店铺中的描述展示方式也是个性化设置的，即使完全相同的商品，展示介绍方式也可能相差很多。有的卖家会展示商品相关的各种内容，比如大量图片(自己拍摄的或官方发布的)、商品参数、促销活动、售后政策、配送政策、官方授权、店铺宣传、其他相关产品等，有些卖家可能只是进行非常简单的介绍，简单到只有寥寥数语。因此，当在淘宝上搜索商品时，得到的搜索结果往往会包含大量可能相关的商品。例如，用“iPhone 5s”作关键词搜索时会在手机分类下搜到7 149件宝贝(此为2015年2月1日13:30搜索结果)，消费者面对如此大量的商品信息，往往觉得眼花缭乱，不知从何处下手。为了帮消费者找到他们真正想买的那台iPhone 5s，淘宝在搜索结果的筛选和排序上做了很多努力，可以从综合、销量、信用、人气、价格等多个方面进行排序和筛选。除了页面展示信息外，淘宝还设置了阿里旺旺这样的即时通信工具，淘宝上的消费者在下单前有问题一般都会通过旺旺和卖家进行交流，包括咨询产品问题、讨价还价、询问物流或者要求免除运费等。

亚马逊则没有考虑不同卖家的问题，主要是从产品的角度去组织介绍商品。举例来说，iPhone 5s是苹果公司生产的智能手机，它们都属于同一产品(可能有很多规格)。因为产品是由生产商决定的，因此对于某一具体规格来说，不管哪个卖家销售，其产品内容应该是相同的。而亚马逊所销售的商品，是在产品的基础上，再加上卖家额外提供的一些服务，比如价格、配送、付款方式、售后服务等。基于上述理念，亚马逊认为网页平台上的产品展示内容，所有卖家可以共享同一个详情页面，除了部分图片外，具体介绍信息都应该用参数表示出来。亚马逊要求展示内容标准化，卖家几乎没有可以自由展示的个性化设置内容，尤其要避免通过专门的PS来美化商品，或者使用诱导性语言影响消费者的购买决策。除了标准化的展示内容之外，卖家的差异性主要体现在他们提供的服务上。他们必须集中精力在价格、配送等服务上。亚马逊认为卖家为客户提供的真正有价值的东西不在于如何个性化地描述介绍产品，而是在标准化产品介绍的基础上，提供更优质的物流配送服务和更实惠的价格。亚马逊一直在引导商家多修炼内功，而少练习招式。

可见，淘宝的商品组织模式会使得淘宝的商品资源非常丰富，尤其一些非主流的个性产品，只要你能想得出描述它的关键词，在淘宝上似乎总能找到你需要的东西。但淘宝在商品信息展示上的模式为消费者、卖家和淘宝都带来了沉重的负担和很多隐患。而亚马逊的商品组织和展示模式让消费者的挑选变得更加简单，消费者获得的实惠也更多。

3. 商品的营销方式

双十一已经成为淘宝招牌性的活动，甚至整个电商界都在跟风参与双十一的角逐。双十一是淘宝商品营销方式的一个缩影——淘宝在销售形式上，做出了非常多的尝试，但主流思想就是“促销”。淘宝可以把卖货这件事包装出很多种花样——聚划算、双十一、双十二、天猫购物节等，这些只是其中最有名的一些活动。卖家深谙淘宝生存之道，除了要修炼内功，很多卖家都积极“出镜”。即使参加各种促销活动会少挣钱甚至不挣钱，但是促销能带来客源，提高销售额，提高店铺等级，在搜索页面中，排序的时候就有希望再往前多排几名。参加了多年各种各样促销活动的消费者也变得精明起来，那些所谓的“史无前例”的折扣如果天天有、月月有的话，还算是史无前例么？

在亚马逊平台上，推荐更常见。推荐，也称“个性化推荐”，亚马逊会根据消费者的浏览历史、购买历史以及商品的参数性质来分析消费者的需求，然后为消费者提供他可能感兴趣的商品。比如，亚马逊会按照“Inspired by Your Wish List”“Inspired by Your Shopping Trends”“More Top Picks for You”“Your Recently Viewed Items and Featured Recommendations”“Recommendations for your(Baby)”等很多种方式进行推荐。

综上可见，促销为淘宝带来了很大的商品销售额，也是淘宝一直在主推的营销方式，其影响力足以淹没淘宝也在推行的推荐模式。而亚马逊平台上商品的销量是和消费者的兴趣以及商品本身的品质相关的。亚马逊一直以来秉承“以客户为中心”的原则，在亚马逊看来，低价固然是消费者所看重的，但如果通过低价促销卖给了消费者他们并不十分需要的东西，那么也算不上真正的“以客户为中心”了。

很久以来，电子商务市场的重心一直在美国。亚马逊是美国最著名的网络零售商，它挫败了实体零售商包括沃尔玛，并成功进军云计算、智能手机和货物投递等领域。互联网经济时代，中国是幸运的。因为当互联网这波趋势来临之时，中国企业没有错过这班车。当 Yahoo、亚马逊在美国诞生之时，仅仅过了几年，中国的阿里巴巴、腾讯等日后的互联网代表公司便也应声而至。这使得中国企业第一次与美国企业站在了同一起跑线上，有时甚至还占得一定的先机。中国的电子商务，不再仅仅是跟在美国后面亦步亦趋的小兄弟。但是，中国电子商务在摸索出了一条自己的道路的同时，也存在很多问题和隐患。

登录并使用淘宝和亚马逊两个网站，感受两个网站在商业模式上的不同。

在互联网上搜索并获取淘宝和亚马逊最近5年的财务数据，包括商品交易总额(GMV)、净利润等。

阅读关于马云和杰夫·贝索斯的一些个人传记或者访谈，了解他们的个人经历、性格以及价值观等，感受他们在这两家企业发展过程中的作用。

思考

① 淘宝和亚马逊所谓与生俱来的不同都有哪些？是由哪些因素造成的？

② 淘宝的商品组织和展示模式为消费者、卖家和淘宝都带来了哪些问题和隐患？而亚马逊的商品组织和展示模式有哪些问题？

③ 淘宝和亚马逊在商品营销上各自采取哪种主流方式，各有什么问题？

④ 根据你拿到的财务数据分析淘宝和亚马逊的盈利模式以及盈利能力。

⑤ 除了案例中分析的不同，你认为淘宝和亚马逊还存在哪些差异？

⑥ 2015年1月23日，国家工商总局发布《2014年下半年网络交易商品定向监测结果》，调查结论称：中国网购的正品率不足六成。其中，淘宝网样本数量分布最多，但正品率最低，采样51个，正品率仅为37.25%。这之后，淘宝和国家工商总局展开了数回合的较量。你如何看待这一问题？

6.6 案例分析：LinkedIn的职业社交[①]

相比Facebook，社交网络世界(LinkedIn)更加专注于商务社交、职业社交。LinkedIn创立于2003年。2014年，LinkedIn正式进入中国，中文名称为“领英”。2016年6月，微软公司宣布以262亿美元全现金收购LinkedIn。2019年10月，LinkedIn新进入Interbrand发布的全球品牌百强榜，排名98，品牌价值超过48亿美元。截至2021年5月，LinkedIn在全球会员达到7.56亿，注册公司超过5 700万家，覆盖200多个国家和地区，其中在中国拥有超过5 100万用户。

LinkedIn相对比较成熟的营收渠道包括人才解决方案(Talent Solutions)、营销解决方案(Marketing Solutions)和高级订阅服务(Premium Subscriptions)。

① 参考《Forbes》2012年6月16日“How LinkedIn Has Turned Your Resume Into A Cash Machine”及《新商务周刊》2013年09期《LinkedIn为何这么值钱》进行撰写。

1. 人才解决方案

为企业提供招聘服务是 LinkedIn 最大的营收来源。2013 年第 1 季度财报显示，人才解决方案的收入大约占 LinkedIn 总收入的 57%。

2002 年刚创立时，LinkedIn 仅仅是一家提供在线简历服务的网站。几经更迭，LinkedIn 的运作模式已经发生了巨大变化——以运作管理个人职业社交关系网络为基础，在此之上为企业提供人才招聘服务，使得双方寻找合适职位和合适雇员的过程更加有效率也更加精准。2012 年，LinkedIn 通过其人才解决方案帮助沃尔玛仅用了 6 周时间就成功招募到了亚洲电商业务管理团队。

人才解决方案能够为公司和招聘人员提供优质招聘工具，帮助他们找到契合度最高的员工及合作伙伴。专业用户使用 LinkedIn 并不仅仅为了找工作，他们也想要建立和推广自己的个人品牌。这正好符合招聘企业及招聘人员的需求，他们能在 LinkedIn 获得比其他招聘门户网站更详细、更全面的专业人士档案，建立更精确的人物画像。LinkedIn 人才解决方案有助于他们找到更优秀的候选人，也方便他们从竞争对手的公司中挖走高级人才。

LinkedIn 提供的人才招聘服务不仅更准更快，也力图让企业把招聘成本控制到更低的水平。根据 2013 年 5 月的相关报道，LinkedIn 的旗舰产品“Recruiter”大多针对大型企业，当时最低订单每年购买三个职位，每个职位的费用约是 7 000 美元，总价为 2.1 万美元。而当时在美国市场上，一个职位需要给中介机构的费用大概最多为 2 万美元。“Jobs”是针对小型企业的招聘产品，其价格更低，一个职位每月基础价格为 35 美元，然后按照每次点击付费，一次点击最低付费为 1 美元，并且每月至少出价 50 美元，因此一个月最低付费只需要 85 美元。2013 年，《财富》100 强企业中的 86%都通过 LinkedIn 的付费服务进行招聘。

2. 营销解决方案

LinkedIn 的营销解决方案除了基础的公司展示页面外，还提供可以展示在新闻 Feed 流中的赞助内容，能够直达 LinkedIn 收件箱的邮箱广告和传统的文本广告。

LinkedIn 的定位导致其用户相对集中和高端。数据显示，74%的用户拥有大学或以上学历，38%的用户拥有硕士学位；而 69%的用户年收入超过 6 万美元，39%的用户年收入超过 10 万美元。LinkedIn 的定位为其积累了雄厚的高端资源和数据，除了有利于迅速笼络人才，企业用户也希望利用 LinkedIn 的优势为其品牌形象和营销推广提供平台。与 Facebook 相比，LinkedIn 上适合投放的广告类型会有所局限，但更加精准，其广告价格也更高。

2013 年数据显示，LinkedIn 线下交易的市场营销方案主要针对大型企业，起步价为 2 500 美元/月，CPM 为 30～76.50 美元不等；而针对中小企业的自主广告系统的账户激活费 5 美元，CPC 和 CPM 最低 2 美元，每月 300～1 万美元不等。而 Facebook 的平均 CPC 为 40 美分，平均 CPM 为 22 美分。这样，针对大型企业的市场营销方案和中小企业的自主广告系统，为 LinkedIn 的总体营收贡献了 23%的比率。

3. 付费订阅服务

LinkedIn 的付费高级账户允许用户解锁免费用户无法使用的某些功能，满足他们更加个性化的需求。这些功能包括职业发展、商务拓展、业务开发、人才招聘等(如图 6-8 所示)。尽管只有不到 20%的用户购买付费服务，但它在 2017 年第 1 季度的收入还是接近 10 亿美元。

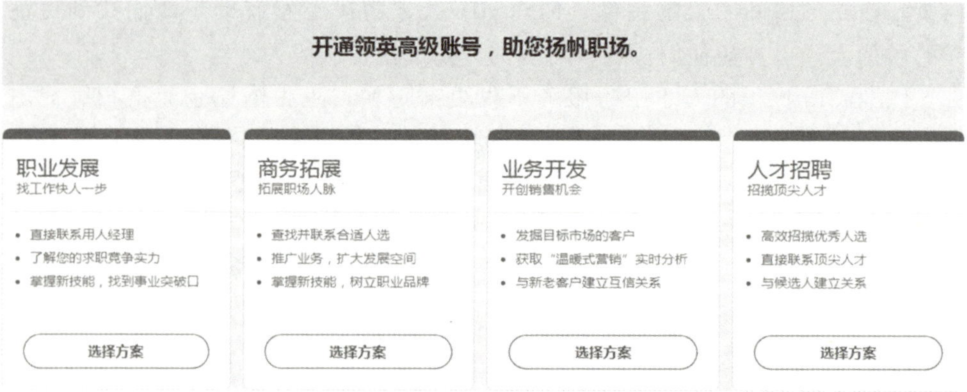

图 6-8　LinkedIn 高级账号功能

注：数据采集时间为 2021 年 5 月 26 日。

4. 弱关系中的大数据分析

如果说 Facebook 和 Twitter 是强互动，那么 LinkedIn 就是弱互动。但这种带有“圈子文化”色彩的不充分的弱互动，正是其独特的价值所在。

LinkedIn 产品的独特之处就在于，很多人一辈子都想跟这些公司的 CEO 联系上而不可得，而这种联系确实能产生价值以及商业机会。通过社交网络数据，LinkedIn 甚至可以分析出各个公司的权力结构——如果 CEO 在公司矩阵中的引力最大的话，那么和 CEO 越接近的人引力也越大，这样每个公司的权力结构就可以分析出来了。

实名、高端社交与弱互动(即有限分享)，这正是 LinkedIn 取得成功的前端原因。这三个定位保证了 LinkedIn 可以沉淀下真实世界中最有商业价值的那部分社会关系并作为数据金矿来挖掘。

注册 LinkedIn，体会案例中所说的各种功能。

思考

① 登录微软公司网站查找相关财务报告，分析 LinkedIn 的盈利模式。

② LinkedIn 的社交网络属性有何特点？LinkedIn 如何利用其社交网络的特性为招聘业务、营销业务服务？

③ LinkedIn 的用户黏性为何不高？有哪些方法可以提高其用户黏性？

④ LinkedIn 网站获得的数据可能有哪些种类，如何针对这些数据进行分析，可能带来哪些有价值的结果？

第 7 章　建设和管理信息系统

现代企业建设信息系统有了很多方式可供选择，比如购买成熟软件、购买云端的系统服务、自行开发或者外包等，企业可以根据自身条件和需求选择不同的建设方法。但无论哪种方式，系统本身的研发都由一系列关键环节以及规范的方法论进行支撑。本章介绍信息系统建设和管理过程中的一些主要环节和方式方法，并通过综合性实验整合各种知识，来体验和理解系统规划和分析对于整个系统开发的重要作用。

7.1　知识要点

7.1.1　系统开发

系统开发的过程是用来开发和维护计算机系统和软件的活动、方法、最佳实践、交付成果以及自动化工具的集合。

系统开发的过程一般包括系统规划、系统分析、系统设计与系统实施四个主要阶段。

1. 系统规划

信息系统的战略规划是关于企业信息系统的长远发展计划，是企业战略规划的一个重要部分。管理信息系统的建设是一项耗资巨大、历时很长、技术复杂且又内外交叉的工程，因此系统规划对于企业系统的成功至关重要。系统规划可以帮助企业找出业务过程中的问题，找出组织变化的方向并指明组织中建立信息系统的方向和目标，合理分配和利用各种资源(人、物、资金、时间)，并指导信息系统开发(开发阶段、开发组织、开发原则)。

一个信息系统的规划应该包括企业战略目标、政策和约束、计划和指标的分析；企业现有状况的分析和问题的确定；新系统的业务方案和技术方案；以及信息系统的组织、人员、管理和运行、财务分析和实施计划等。

2. 系统分析

系统分析是在系统规划的基础上对组织试图通过信息系统来解决的问题进行分析，明确业务需求，从组织结构、业务流程、数据等方面对系统进行分析，提出新系统的逻辑方案。因此，系统分析阶段的活动可以按照以下三个步骤进行。

(1)问题分析

一般在系统规划阶段，阐述的问题只是症状，在系统分析阶段还需要对问题进行详细分析，发现问题背后的原因。问题分析得越透彻，那么需求的提出和新的逻辑设计方案才可能越彻底。

(2)需求分析

所谓需求分析是为新系统定义业务需求，关键是要在问题分析的基础上，提出系统改进目标。需求分析一般包括功能需求和非功能需求。功能需求是必须实现的需求，经常以系统改进目标所需的输入、输出、过程和存储数据的形式定义。而非功能需求指的是系统的属性和质量需求，比如性能(吞吐量和响应时间)、易学易用性、预算、开支和开支节省、时间表、文档和培训需求、质量管理、安全等。

(3)逻辑设计

逻辑设计是指仅在逻辑上确定的目标系统模型，而不涉及具体的物理实现，也就是要解决系统“干什么”的问题，而不是“如何干”的问题。一般来说，逻辑设计需要把模型描述细化到业务流程中的每一个步骤、过程和每一个对象。

系统分析中的逻辑模型可以采用过程建模和对象建模两种思路。过程建模是一种组织和记录数据的结构和流向的技术，常用工具有数据流图(Data Flow Diagram，DFD)；对象建模技术是一种用于辨识系统环境中的对象和这些对象之间关系的技术，比如统一建模语言(Unified Modeling Language，UML)。逻辑模型独立于任何的技术实现来描述系统，因此，逻辑设计不必涉及任何有关实现或技术方面的细节。

系统分析阶段还需要进行可行性研究。可行性(feasibility)研究是指在当前组织内外的具体条件下，系统开发工作必须具备资源和条件，看其是否满足系统目标的要求。可行性研究一般要遵循六个原则——运行可行性、文化(或者政治)可行性、技术可行性、进度可行性、经济可行性和法律可行性。

3. 系统设计

系统设计是指从技术上说明如何实现一个新系统或者如何对现有系统进行改造。系统设计包括两个方面——总体设计和详细设计。

总体设计包括系统模块结构设计和计算机物理系统的配置方案设计。系统模块结构设计的任务是划分子系统，然后确定子系统的模块结构。计算机物理系统的配置方案设计主要解决计算机软硬件系统的配置、通信网络系统的配置、机房设备的配置等问题。

详细设计是在总体设计基础上，进行每个模块内部的详细执行过程的设计，包括代码设计、界面设计、数据库设计和输入输出设计等。

4. 系统实施

系统实施包括程序的编程、测试、系统切换、运行和维护。系统实施阶段既是成功地实现新系统，又是取得用户对系统信任的关键阶段。

一般来说，系统测试包括单元测试、集成测试、确认测试和系统测试。单元测试又称为模块测试，是针对程序模块来进行正确性检验的测试工作。单元测试主要是用来检验程序的内部逻辑，通常由撰写代码的程序员负责进行。集成测试，也叫组装测试，在单元测试的基础上，将所有模块按照设计要求组装成为子系统或系统，进行集成测试。一些模块虽然能够单独地工作，但并不能保证连接起来也能正常地工作。确认测试的目的是向未来的用户表明系统能够像预定要求那样工作，即软件的功能和性能如同用户所合理期待的那样。因此，确认测试是由用户参加确认的。系统测试，是将通过确认测试的软件，作为整个基于计算机系统的一个元素，与计算机硬件、外设、某些支持软件、数据和人员等其他系统元素结合在一起，在实际运行环境下，对系统的各项功能进行测试，包括业务流程、页面、易用性、友好性、接口、性能等。

系统切换需要开展的工作很多，比如数据准备、人员培训、文档准备、设备安装等。信息系统处理的对象是数据，规范化的数据是实现系统成功运作的前提。新系统运行前要进行细致的数据准备，准备系统基础数据所需要的时间，与企业以前的数据基础有关系，也很大程度上取决于系统切换的方式。系统切换的方式一般有直接切换、平行切换和分段切换。直接切换就是在原有系统停止运行的某一时刻，新系统立即投入运行，中间没有过渡阶段。平行切换就是新系统和原系统平行工作一段时间，经过这段时间的试运行后，再用新系统正式替换原有系统。分段切换采取分期分批逐步切换，比较大的系统适宜采用这种方式。用户培训也是一项不可忽视的工作。用户是系统的使用者，也是信息系统最终能否用起来的实际决定者。因此，用户培训不仅需要培训系统使用的方法和技能，也要注重用户认同感的培养。

系统切换后可开始投入运行，系统运行包括系统的日常操作、维护等。

7.1.2　系统建设方法

1. 生命周期法

生命周期法(System Life Cycle)强调系统开发过程的整体性和全局性，强调在整体优化的前提下考虑具体的分析设计问题，即自顶向下的观点。它从时间角度把软件开发和维护分解为若干阶段，每个阶段有各自相对独立的任务和目标。生命周期法在每个阶段都对该阶段的成果进行严格的审批，发现问题及时反馈和纠正，保证了软件质量，特别是提高了软件的可维护性。但是，生命周期法开发周期较长，因为开发顺序是线性的，各个阶段的工作不能同时进行，前阶段所犯的错误必然带入后一阶段，而且越是前面犯的错误对后续工作的影响越大，更正错误所花的工作量也就越大。同时，在功能经常变化的情况下，难以适应变化要求，不支持反复开发。

2. 原型法

系统开发初期，开发人员初步确定用户需求，在此基础上很快为用户建立一个试验系统，供用户评价。通过与用户的交互，原型被不断完善，直至满足用户要求。最终，原型被转型成可交付的系统。

原型法(Prototyping)遵循了人们认识事物的客观规律，易于掌握和接受。而且原型法中开发人员与用户之间的沟通方式，可以帮助开发人员更好地获取用户需求，提高用户满意度。原型法强调软件工具的支持，使系统开发的时间、费用大大减少，效率、技术等方面则大大提高。原型法比较适合于开发处理过程明确、简单的系统，不适合于开发大型、复杂、难以模拟的系统。

3. 应用软件包法

应用软件包(Application Software Packages)法是直接从商家手中购买可以满足企业需要的应用软件包。现在市场出售的应用软件包非常多而且应用范围广，很多比较通用的功能都有通用化的系统，比如库存管理、工资管理等。直接购买应用软件包的方法省钱、省力、省时间，但是由于软件包是一个通用系统，所以客户化是一个需要平衡的问题。

在购买应用软件包之前，需要在系统分析阶段对软件包进行总体评价，包括软件所提供的功能、灵活性、用户友好性、硬件和软件资源、数据库要求、安装和维护、供应商的质量、成本等。

4. 外包法

外包法(Outsourcing)是指企业将信息系统的系统开发工作委派给应用服

务提供商(Application Service Provider, ASP),使用ASP的软件和计算机硬件作为自己的技术平台。外包模式利用供应商的规模经济和核心竞争力,比组织内部开发人员提供更多的价值。但是外包模式有时会失去控制,而且容易低估一些隐藏成本。

5. 终端用户开发方法

顾名思义,终端用户开发方法(End-user Development)是由终端用户自行进行开发。一般来说终端用户可以采用第四代语言开发一些规模小、功能相对简单的系统。这种开发模式开发速度比较快,用户满意度也相对比较高,但缺乏控制和正式开发方法的支持。

第四代语言(Fourth-Generation Language, 4GL)以数据库管理系统所提供的功能为核心,进一步构造了开发高层软件系统的开发环境,如报表生成、多窗口表格设计、菜单生成系统、图形图像处理系统和决策支持系统,为用户提供了一个良好的应用开发环境。

7.2 案例分析:吉利的信息系统建设①

浙江吉利控股集团始建于1986年,1997年进入汽车领域。

2002年,吉利集团首次启动了ERP项目建设。经过审慎讨论和高层投票,吉利选择使用SAP的ERP系统,希望把信息化定位在国际水准。一次,吉利董事长李书福问管生产的同事,“你知道,一辆汽车有几个轮胎吗?”外行人都会以为答案是4个,但其实应该是5个,因为还有个备胎。当时,工作人员回答说:“这个我知道,有5个轮胎。”于是,李书福董事长进一步问:“那如果是这样,当我们生产20 000辆汽车时,为什么供应商要问我们收110 000甚至120 000个轮胎的钱呢?”其实,这正是当时吉利集团生产管理的困惑,也是推进ERP项目的背景和初衷。第一次ERP项目的建设,计划在台州和宁波两个汽车公司同时开展,并且将汽车行业的五大核心模块全部上线。因为ERP项目的面铺得太广、战线又拉得很长,对于当时的吉利来说,推进工作特别吃力。

在这样的情况下,2003年,吉利集团再次对是否继续使用ERP,以及是

① 本案例参考《中国信息化》2014年第2期“吉利汽车:信息化推运营转型”以及《IT经理世界》2013年第3期“吉利,快跑!”进行撰写。

否继续使用SAP的ERP进行讨论。2003年下半年，吉利集团决定再次启动SAP的ERP项目。同时，吉利集团这次“狠心下血本”，找来IBM进行建设，并且缩小战线，采用逐个工厂实施落地的策略，只选取了宁波公司集中精力先行推广ERP项目，并辅助进行业务流程再造。第二次ERP项目的实施夯实了吉利信息化系统的基础，实现了基础功能，比如五大模块、三大财务报表都建立并投入使用。然而，此次的项目建设并没有完全得到集团公司高层领导的认可，因为这离李书福董事长当初设想的“一车一成本”还有相当一段距离。

2005年，吉利集团以临海工厂作为基地，启动实施第三次ERP项目。一反之前以IT部门为主导推进ERP项目的方式，改由当时临海公司负责管理的负责人任ERP项目组长，IT部门负责人任副组长。第三次项目建设的过程中，项目经理设置了强有力的管理措施，例如推行项目日清、周例会、月报等制度。根据之前建设过程中数据的准确率不高的问题，还专门成立数据组，由章正柱任数据组组长。当时，吉利集团提出“ERP，三分技术、七分管理、十二分数据”的口号，对数据提出了高标准严要求。这次的ERP项目建设得到了高度肯定，只用了三个多月就完成了项目建设。此后，吉利集团以临海的ERP项目为模板，向其他公司推进。现在，除了新基地以外的吉利集团其他企业全部都已经应用了ERP系统。

2007年，吉利提出了战略转型，从低价战略转向服务领先、技术领先。为此吉利在产品设计方面，首先提出了平台化的产品研发，其次是质量管理、过程控制，第三是供应链体系建设。因为吉利的质量管理和供应链管理具有浓厚吉利特色，在尝试寻找一些市场上已有的解决方案失败后，吉利决定自己开发。比如质量管理系统，从质量规划、设计质量、制造质量、采购质量、质量统计，到质量的纠错监控形成一个闭环。另外，供应商管理系统包括供应商的准入、供应商评价、供应商配额管理、供应商绩效、供应商入库结算等各个环节。

随着集团生产规模的不断扩大和车型配置的多样性，单件、小批量的生产越来越多，通过定容定量定制所设置出来的看板已不能完全满足生产线的需要。为了满足混线生产背景下生产执行过程的控制需要，集团自主建设了一套MES制造执行系统。通过实施车间生产跟踪系统，使各部门相关人员可随时跟踪在制品移动位置，将在制品信息实时传递，从而保证各环节在制品分布情况的一目了然。同时，通过产品的条码信息管理，简单有效地提高产品流转效率，并且为日后主机厂质量追溯提供数据支持。MES制造执行系统与业务系统、生产自动化系统的集成，总体上使整车的业务模式从生产计划、排产到生产、物流、供应这个范围的关联流程实现了整合，实现生产过程的快速反应与敏捷、精确制造，现已在集团下属五个主要生产基地推广应用。

第三阶段，随着产品线日益丰富、业务规模逐渐变大以及国际化发展起步，信息系统要支持产品和服务的品质，支持业务模式的创新，支持企业国际化，支持企业的高效、敏捷运作，支持企业的数据化转型等。在这个时期，通过利用云计算、物联网、大数据在内的新型信息化技术，转变信息化建设的思路，推动以信息技术为主的业务创新并驱动业务模式转型，从而提升在互联网时代的竞争力。

吉利集团实施了 SAP BI 系统，市场营销分析、销售分析和售后服务分析等功能的实现，搭建了集团级的业务数据分析系统，业务数据源可以来自 ERP、G-DMS、VMS 等业务处理系统，也可以来自 Excel 表格等形式，突破了数据分析的平台限制；大大提高了统计人员的工作效率，分析报表的查询速度由以前的平均 3 分钟缩短到平均 12 秒；基于“例外管理”和“用数据说话”的管理手段，大大降低了管理人员进行日常管理的难度并提高了管理的针对性和有效性；统一、跨平台、跨业务的分析系统，能够有效地支持领导的决策并有助于提高决策质量，为管理层初步搭建了决策分析的辅助平台，以及高效便利的操作环境，使管理层能够第一时间较全面地了解企业每天的经营状况。

吉利于 2016 年开始构建针对新车型平台的新型营销 IT 系统，涵盖销售、售后和 CRM 三大核心业务模块。采纳了阿里巴巴集团的 DT 理念，整套系统完全构建在阿里云上，使用了包括 IaaS 服务、Aliware 中间件服务、云盾和大数据在内的全系列阿里云服务。吉利的新车型平台的营销系统被命名为 CEP，即客户融合平台，希望借信息技术将客户融合到业务生态圈，使用企业能够与市场实时互动，时刻把握客户的需求、想法与偏好，从而更好地引导产品开发、制造和销售。同时，也可以利用这些技术，转型销售模式、服务模式、产品的使用模式，将诸如社区商务模式、共享经济模式等其他行业和消费领域已经发生的互联网赋能在汽车业逐步实现。

思考

① 在 ERP 的三次实施过程中，吉利分别得到了什么经验和教训？

② 吉利汽车的信息化建设采用了什么策略？为什么？

7.3 案例分析：中国ERP第一案①

2002年春节前夕，现已并入神州数码旗下的原联想集成系统有限公司与北京市三露厂在崇文区法院经济庭的主持下达成庭内调解：① 2002年2月28日之前，由被告方原联想集成系统有限公司向原告方北京三露厂给付200万元人民币；② 2002年2月28日之前，原告方将MOVEX(瑞典Intentia公司的ERP产品名称)计算机管理信息系统硬件及软件返还被告方(实际已退到神州数码)，从而给国内第一起ERP系统实施服务诉讼案画上了句号。

作为此案的原告和被告，北京三露厂是化妆品行业的著名企业(全国人民恐怕都忘不了“大宝天天见”那句广告语)，原联想集成系统有限公司是国内IT业领头羊的直属子公司，而合作的产品是国际上有名的ERP软件。如此门当户对的“婚姻”最后以如此结局收场，让很多人唏嘘不已，此次ERP实施的案例也为我们提供了很好的经验和教训。

与大多数ERP案例的开始大同小异，北京三露厂在1998年感到原来的财务软件难以适应大规模企业的管理，并且需要将财务、采购、库存等数据进行整合，从而决定上ERP系统。联想集成系统有限公司当时是瑞典Intentia公司的独家代理。1998年3月20日，双方签订了ERP合同。合同书中约定三露厂支付给联想集成人民币1 697 297.50元，其中MOVEX软件费用为786 552.50元；设计、实施服务费用为67 103.97元；购买服务器等的费用为843 641.03元。换言之，当时的联想集成以“总承包”的身份负责包括软、硬件及咨询服务在内的系统工程实施。合同确定的实施时间为1998年4月1日到9月30日，试运行时间是1998年10月1日到12月31日，正式运行时间是1999年1月1日，验收时间是1999年3月30日。同时，合同还约定了违约责任，1998年9月30日之前，如不能完成合同有关事项，每延期一天，联想集成应向三露厂支付全部价款千分之五的赔偿金。

合同签订之后，三露厂陆续付给联想集成包括购买硬件、软件在内的有关费用140万元，联想集成也派人进驻了三露厂，开始和三露厂的工作人员一起进行实施工作。然而，合作之后的矛盾由此逐渐暴露出来。三露厂认为，在接

① 本案例内容部分改编自《21世纪经济报道》2002年6月3日的报道《中国ERP第一案：原告获得200万元》。

下来的实施阶段，出现了几个难以解决的问题。

首先是Intentia软件产品汉化不彻底，操作界面和表单中有英文出现，致使员工难以使用；

其次是系统提供的后台报表和数据采集的方式不符合国内财务制度和需求习惯；

最后是软件实施商对软件不熟悉，没有按照软件厂商标准流程和实施方法论来实施，据一些当时参与实施的三露厂技术人员反映，由于联想集成的技术人员不熟悉产品，在参数的设置上出现错误，造成一些表单无法正确生成。

实施工作进行到1999年11月15日，三露厂决定向联想集团最高层投诉，直接给其总裁柳传志发去了一纸紧急传真，提出了三个问题：第一个问题是“直至今日合同仍未履行完毕，延期的损失如何处理”。根据合同有关延期的违约责任规定，乙方此项赔偿金已累计为325万元。第二个问题是“今后的实施费由谁支付”，由于联想集成邀请软件商Intentia作为该项目厂商方面的技术支持，而软件厂商又未同意不收取任何服务费，因此三露厂指出，在合同的系统售后服务中已经注明，乙方根据甲方要求对软、硬件的设计做局部功能的改进调整是乙方永久性提供的一项服务，不向甲方收取费用。第三个问题则是继续履行合同的时间安排。

柳传志是否收到了投诉信无从考证，但是三露厂的传真显然引起了联想集团的重视。对于这次投诉，联想集成的直接反应是其“MOVEX项目小组负责人”卢刚11月16日发出的一纸传真，表示一定配合三露厂把项目做好，发生的实施费用，由联想集成支付，先派三露厂认可的工程师到项目组解决一些包括报表、账目平衡等日常问题，再在11月底做出详细的计划及人员安排。

11月25日，包括三露厂计算机中心主任孙京、大宝商业批发公司财务科科长熊为民、常务副厂长王怀宇、法制办公室主任苏梅、联想集成系统有限公司副总肖方晨、卢刚等人和Intentia公司技术人员在内的三方会议召开，旨在解决问题，推动项目进行。

12月8日，联想集成给三露厂发来由肖方晨署名并盖有联想集成系统有限公司公章的一纸书面意见，其中提到“合同中规定的9月30日完成项目，到目前为止，已经造成了325万元的违约金的损失，在此向大宝道歉”，并明确表示除双方合同中规定的应付实施费用，项目后续的实施，联想不再增收实施费用，联想集成将支付Intentia顾问发生的实施费。这纸书面意见同时承诺，如果项目失败，三露厂有权按照合同追究责任(这一纸传真在后来的诉讼中成为了重要的证据)。

转眼间到了 2000 年 7 月，其间双方经历了再一次的实施、修改和汉化，包括软件产品提供商 Intentia 公司也派人来三露厂解决了一些技术问题。但是由于汉化、报表生成等关键问题仍旧无法彻底解决，三露厂始终在试运行 MOVEX 有关模块的同时并行原有的管理信息系统，反而加大了员工的工作量。双方显然都已经被这场冗长的 ERP 实施拖得筋疲力尽了。

2000 年 7 月 20 日，卢刚再次通过传真给三露厂提出了三个方案：一是采用 VISUAL FOXPRO、MS ACCESS 等前台软件工具编制报表，来满足对现有报表的要求；二是用 Scala Globe Series 软件替代 MOVEX，重新实施项目；三是保留 AS/400 系统，另外采用和佳的 ERP。以上三种方案的费用由联想集成承担。三露厂方面认为，这三点意见均说明对方已经对 MOVEX 无能为力，可以下结论说该项目已经失败。同时，三露厂拒不接受对方提出的三点解决方案，因为这和签订合同的初衷不符。

在之后的 4 个月中，双方始终无法在赔偿金额数量(三露厂坚持在 325 万元人民币的基础上进行谈判)、如何解决系统实施中遇到的困难等关键问题上达成一致。并且由于经历了多次徒劳的谈判、商讨，气氛也日趋紧张。

2000 年 12 月 11 日，三露厂正式向崇文区(现已并入东城区)法院提起诉讼，要求得到赔偿。最后的结果如开头所示。

2003 年 9 月，当笔者来到大宝(此时“北京三露厂”已经改名为“北京大宝化妆品有限公司”)进行调研时，与上述情景中的很多当事人进行了直接对话。在很多企业 ERP 实施失败之后会出现“一朝被蛇咬，十年怕井绳”的情况，可是令人佩服的是，大宝却选择了从跌倒的地方站起来，把打官司赢回来的钱用到第二次 ERP 实施中去。此时此刻，大宝已经在和另一家软件供应商——和佳进行合作。

2001 年 3 月，大宝与和佳签订合同。2001 年 5 月，项目开始实施，一直到 2002 年 5 月，项目一期结束，大宝基本上实现了除生产外，其他几个模块的平稳运行。有了第一次失败的教训，大宝在第二次 ERP 实施中有很多细节工作是许多首次实施 ERP 的企业不可能做得到的，因此也更具有研究和实用价值。

第二次 ERP 实施，公司十分重视服务商的选择和软件选型。第一次 ERP 软件选型是由财务部门做的，第二次选型时，项目主要负责人计算机中心主任孙京非常谨慎。孙主任以前在供应科工作，也有财务背景，所以他不仅对计算机知识了解，对公司的业务流程也是内行。他主要考虑了以下几点：

利用现有硬件资源。因为大宝原有系统运行在IBM的AS/400上，而且AS/400比较稳定，所以新软件必须能在AS/400上运行。

ERP厂商必须在北京。再好的ERP产品也会出现错误，ERP厂商在北京，可以随时过来维护。

ERP产品必须能够做到足够的客户化。和大部分中国企业一样，大宝的管理还不够规范，因此ERP产品必须适应现有管理水平。

产品有成功案例。就像MOVEX，虽然是知名产品，但据说大宝是它在中国北方的第一家用户。

把目标锁定到和佳之后，孙京到和佳考察了三次，并把和佳的软件模型拿回来自己输入数据进行测试。即使做了如此多的前期工作，孙主任仍然做好了充分的心理准备，即不要抱有太高的期望。2001年3月，大宝与和佳签约，一期一共购买了14个模块，总价100万元左右，包括软件价格、实施费用和数据库数据移植的费用。实施的工作内容包括调研、软件安装、培训、技术支持、客户化开发、原有数据移植。

在项目实施过程中，和佳公司有1名常驻大宝的实施工作人员，平常会有2～3名实施人员。此系统60%～70%采用了和佳原有的软件代码和设计，30%多进行了客户化修改。如果在使用软件的过程中出现问题，不论问题大小，技术人员都要把出现问题的画面打印出来，由孙京与和佳方面负责人签字确认，确定解决日期。

为了能让每个部门摆脱第一次失败的阴影，不对ERP产生抵触心理，在实施前期一段很长时间里，孙京的大部分时间都在做沟通和协调工作。其中，与部门经理之间的沟通十分重要，只要部门经理肯配合，下面人员就会配合工作。如果遇到不好解决的问题，就需要上层领导出面来协调。

自一期项目结束到笔者调研时的1年多时间里，项目一直处于休整时期，主要发现和调试一些小问题。现在实施的11个模块运行得都比较平稳。这一年多来，ERP使得公司的管理更加标准化，流程更加规范化，而且也减轻了操作人员的工作，提高了工作效率，保证了工作的严谨性。截至调研时，大宝正在为二期上马生产模块做着有条不紊的准备工作。

从20世纪90年代开始，中国企业逐渐开始进行信息化建设，其中以辅助企业管理决策和业务流程的信息系统的实施为主要内容，中国企业在ERP实施方面不断总结教训，积累经验，逐渐成长和成熟。本案例的发生虽然距今有一段时间，但整个事件所涉及的方方面面与其作为“中国 ERP 第一案”所特有的代表意义一样带给我们很多启示。

思考

① 北京三露厂与联想集成合作的 ERP 实施案例中都有哪些问题？责任在谁？谁应该为此次 ERP 实施的失败承担主要责任？

② 用户方在 ERP 实施过程中应该注意什么？

③ 集成方在 ERP 实施过程中应该注意什么？

④ 软件方在 ERP 实施过程中应该注意什么？

7.4　综合性实验：基于互联网的商业创新计划书

1.6 节中，我们初步提出了一个基于互联网的创新性商业构想，思考了它可能的商业模式。2.4 节中，我们在 1.6 节的基础上，进一步设计配置了适合你的商业构想的信息技术基础设施。本节实验，我们将继续在前述设计思考的基础上，深入设计和完善你的商业创新计划书。

实验步骤和要求

① 通过前面章节对企业中各种信息系统及其功能作用、企业中各种电子商务模式的实践创新的学习理解，我们可以在 1.6 节和 2.4 节的初步设想基础上，更加细化和深入地设计商业创新方案中的以下具体问题：

◇　在你的基于信息技术，尤其是互联网的商业创新方案中，你的项目或产品具体的价值定位是什么？

◇　基于这样的价值定位，你打算面向什么样的市场和客户，通过什么样的渠道打造什么样的客户关系，具体如何开展市场营销活动？

◇　围绕着这样的价值定位，你将如何设计你的项目或产品的关键业务和功能，如何整合你所拥有的核心资源以及合作伙伴关系？

◇　你对于整个项目或产品的时间进度安排、人员分工以及财务预算是怎样计划的？

② 为了保证你的计划书能够清晰、明确地阐述你的思路，建议你参考附录格式进行撰写。当然，你也可以根据需要自行安排内容和结构，无论如何，计划书的效果应该是让别人看了就愿意为你投资，所以一定要突出你的闪光点。

③ 以小组为单位采用 Word 软件和 Excel 软件提交一套书面报告，并进行口头汇报，小组成员之间交流设计思路，共享创新。

附录　商业创新计划书模板

题　目

（独立作为封面展示，可以包括方案题目、你的公司或
者项目的 Logo、团队名称）

目　录

（独立一页）

1. 项目背景

——介绍项目产生的经济、技术和社会方面的环境背景，内容应该与方案的主题相关。

2. 项目介绍

——介绍项目情况，包括**战略目标**（基于市场的）、**主要功能内容**（简述）、**创新之处**，**投入和产出的简要说明**等，强调此方案的商业价值，即方案中能给你带来竞争优势的地方或者创新点，要能够初步引起别人对你的创意的兴趣。

3. 项目功能和商业模式

——详细介绍项目的**主要内容**、**功能**，以及**整体商业模式**，包括**运作模式**和**赢利模式**。此部分应该能够基本把你的商业创意介绍清楚，可以应用各种图表工具对一些流程、思路或者功能加以简洁明了地表示。

4. 市场分析

——分析目前的市场环境，可采用比如竞争力模型等战略管理的工具，分析清楚你的商业模式的竞争优势和面临的威胁。

5. 营销方案

——应用市场营销和网络营销的方法、工具，设计与你的产品/服务相适应的具体营销方案。

（注意：上述 3～5 三个部分的内容均为业务介绍，因此，可以根据需要把重点问题拿出来单独作为一章来阐述，或者根据方案中的业务关系调整阐述顺序，重点是要把商务方案介绍清楚）

6. 技术方案

——阐述支持上述业务的 IT 基础设施的具体方案和开发方法，可参考第 3 章 3.3 节的实验思路进行。

7. 项目管理方案

——阐述项目的时间进度和项目组成员的分工安排等。

8. 财务计划

——详细分析你的项目在硬件、软件、网络、人力资本等方面的投入，以及预计的未来5年的盈利计划，如果能提供其他相似企业的数据作为参考依据更好。这一部分，建议另外使用Excel文件进行表述。

==================================